주식으로 돈 못 벌면
바보다

증권맨 출신 아빠가 사랑하는 딸들에게 알려주는

주식으로 돈 못 벌면 바보다

장준환 지음

한국경제신문 i

프롤로그
부자들은 왜 가족끼리 싸울까?

어젯밤 온 가족이 안방에 누워 뒹굴뒹굴하면서 이런저런 이야기를 하며 웃고 떠들고 있었다. 너무 늦어 애들에게 "너희들 방 가서 놀아라"고 했지만, 아이들은 못 들은 척하고 조잘거리며 웃었다. 근데 그때 뉴스에서 재벌 집안의 가족 다툼 이야기가 나왔다. 한참 보고 있던 큰딸이 내게 물었다.

"아빠! 어떻게 가족끼리 저렇게 싸울 수 있어? 저 사람들은 진짜 가족이 아닌 거 아니야?"

그때 대뜸 집사람이 큰딸에게 대답했다.

"원래 아주 부자들은 가족끼리 친하지 않아. 그래서 저렇게 싸우는 거야."

그 말은 들은 큰딸이 이렇게 말했다.

"아, 그럼 우리 가족은 너무 친해서 아주 부자가 아니구나."

큰딸의 위트 있는 말에 모두 웃었지만, 나는 마냥 웃을 수만은 없었다. 조금은 상황이 슬펐다. '웃프다'라는 말은 이럴 때 쓰는 거라는 생각을 했다. 돈 때문에 가족끼리 저렇게 막장 싸움을 하는 것보다는 차라리 적당히 벌면서 사이좋은 게 낫지 않을까 싶었다. 돈이 많아도 싸우지만 돈이 없어서 가족끼리 싸우는 게 훨씬 더 문제다. 그래서 증권맨 출신답게 경제와 주식을 아이들에게 가르쳐주고 싶었다.

정말 바보가 아니면 주식 투자는 실패할 수가 없다. 그 투자의 원칙을 딸들에게 가르쳐주고 싶어 한동안 노력했지만 쉽지 않았다. 딸들을 앉혀 놓고 경제와 주식을 가르치다 보니 화가 나서 도저히 견딜 수가 없었다. 주식에 대해 설명을 하다가 아이들이 조금만 못 알아들으면 나도 모르게 언성이 높아졌다. "너 바보니?" 이런 말이 자꾸만 입에서 튀어나왔다. 아이들은 진지하지 않고 틈만 나면 말장난을 치려고 했다. 인내심도 바닥이 드러났고 더는 가르칠 수 없겠다는 생각이 들었다. '말은 날아가지만, 글은 남는다(VERBA VOLANT SCRIPTA MANENT)'는 라틴어 명언이 있다. 애들에게 주식을 직접 말로 가르치는 것은 한계가 있으니, 책을 써서 반복해 읽히면 되겠다는 게으르고 똑똑한 생각이 뇌리를 스쳤다. 일거양득이다. 왜냐하면 한 권만 쓰면 첫째와 둘째, 둘 다에게 주식 투자를 가르칠 수 있으니 말이다. 그렇게 이 책을 쓰기 시작했다.

부모도 늙어서 돈이 있어야 더 큰 효도를 받는다. 늙어서 돈이 있으면 자식들에게 없던 효도도 우러나오게 할 수 있다. 학창 시절에 내 친구의 할아버지는 동네에서 알아주는 부자였다. 정말 신기한 것은 그 할아버지가 기침만 해도 전국에서 자식들이 다 모여들었다. 기침 소리가 서울, 부산, 제주까지 들리는 것도 아닌데 말이다. 감기로 병원만 다녀와도 경찰서장과 시장까지 병문안 오는 것을 보고 처음에 그 시장과 서장이 내 친구의 작은아버지인 줄 알았다. 물론 친인척 관계는 아니다. 단지 '돈의 힘'이었다.

돈은 행복의 열쇠는 아니지만 행복한 삶의 중요한 부분임을 부정할 수는 없다. 그리고 돈은 삶을 편하게 해주고 줏대 있게 살 수 있게 해주는 것 또한 사실이다. 그리고 돈이 있으면 베풀기도 쉽고, 양심을 지키며 살기도 더 쉬워진다. 쥐뿔도 없으면서 양심만 지키다가 생계를 잃어버리는 일이 더 한심하고 무능한 일일 것이다.

직장에서도 마찬가지다. 직장 상사가 비양심적인 업무를 시켰을 때 돈 버는 기술이 따로 없고, 모아둔 돈이 없으면 비굴하지만 어쩔 수 없이 그 일을 할 수밖에 없다. 반면 돈 버는 재주가 있으면 좋아하는 일을 양심껏 누구 눈치 보지 않고, 마음껏 할 수 있다. 돈 걱정 없이 좋아하는 일을 하기 위해 돈을 버는 기술이 필요한 것이지, 돈을 버는 게 인생의 목적은 아니다. 돈은 필요한 만큼보다 약간 넘치게 벌면 된다. 그리고 넘치는 만큼 남에게 베풀도록 하자. 어차피 많이 벌어봐야 다 쓰지도 못하고 죽을 거 돈을 쌓아놓기 위해 사는 것은 제대로 된 인생이라고 할 수 없을 것이다. 돈은 목적이 아니고 편리하게 살기 위한 수단일 뿐이다. 그리고 세상에서 돈을 벌기 가장 쉬운 방법이 바로 주식 투자다.

주식은 싸게 사기 위해 판매자에게 부탁할 필요도 없고, 비싸게 팔기 위해 매수자에게 거짓말을 할 필요도 없다. 그냥 컴퓨터로 싸게 사서 좀 묵혔다가 비싸게 팔면 된다. 누구한테 사는지, 누구한테 파는지 알 수도 없고, 알 필요도 없다. 아주 평범한 사람도 세계적인 천재들의 뒤통수를 칠 수 있는 게 바로 주식 시장이다. MIT·하버드·캘텍·와튼 출신 천재들이 만든 프로그램을 동네 초등학생이 깰 수 있는 게 바로 주식 투자다. 유리한 포지션을 선점만 하면 이 세상 누구와 붙어도 이길 수 있다.

전문직을 가지고 있어도 당당하게 일을 즐기며 살기 위해서는 돈이 있어야 한다. 월급만으로 사는 것은 한계가 있다. 전업주부라도 마찬가지다. 주식 투자 기술이 있으면 남편보다 더 많은 돈을 벌 수도 있다. 전업주부가 주식으로 남편보다 더 많은 돈을 벌면 식었던 사랑도 다시 생긴다. 혼자 사는 사람이 돈까지 없으면 더 외롭다. 한 사람의 인격체로서 세상을 더욱더 당당하고 멋지게 살기를 바라는 마음에서 투자 노하우를 가르쳐주는 것이지, 돈 좀 번다고 집에서 갑질하라고 가르쳐주는 것은 아니다. 누구나 따라 할 수 있고, 누구나 돈을 벌 수 있는 곳이 바로 주식 시장이다.

이 책은 딸들을 위한 책이다. 내가 아들로 살아봐서 아들은 잘 키워봐야 아무 소용없다는 것을 조금은 안다. 정말 옛말 틀린 것 하나 없다. 가끔 부모님께 전화하면 도리어 놀라시며, 이렇게 말씀하신다.

"무슨 일 있어? 전화를 다 하고?"
"꼭 무슨 일 있어야 전화해? 그냥 안부 전화한 거야."
"깜짝 놀랐잖아. 갑자기 안 하던 전화해서."

이런 말을 아마 수십 번 들은 것 같다.

딸밖에 없으니 당연한 이야기지만 딸들을 위한 주식 투자에 관한 책을 쓰기로 했다. 내 딸들을 포함한 누군가의 딸들을 위해서도 이 책을 쓴다. 그리고 부모님에게 자주 전화 좀 하자.

장준환

Part 1
매수

Part 2
로스컷(Loss Cut)

Part 6
시장의 이해

Part 7
원칙 세우기

Part 8 ————————————
투자 일지 쓰기

Part 9 ————————————
자기관리

Part 10 ————————————
기술적 분석 / 기본적 분석

Part

밀짚모자는
언제 사야 할까?

밀짚모자는 겨울에 싸고, 여름에 가장 비싸다. 그러면 언제 밀짚모자를 사야 할까? 여름에 꼭 필요한 물건이고 그때까지 잘 보관할 수 있다면 겨울에 사는 게 좋다. 주식에도 겨울이 있다. 주식 투자하는 사람들 대부분이 강세장에 매수하고 약세장에 매도한다. 즉, 시장이 좋으면 주식을 사고, 시장이 나쁘면 주식을 내다 판다. 그러면 그 대다수의 사람들은 주식으로 돈을 벌었을까? 물론 한 푼도 못 벌었다. 주식 시장에서 돈을 잃는 대부분의 사람을 전문용어로 '개미 투자자'라고 부른다. 국어사전에도 나오는 표현이다(이하 '개미'로 통일하겠다). 개미가 배우고 노력해서 발전하면 '선수'가 된다. 개미는 항상 돈을 잃지만, 선수들은 시장에서 돈을 못 벌 수는 있어도 돈을 잃지 않을 정도의 수준은 된다. 그리고 더 발전하면 '고수'가 된다. 그리고 마지막 단계 '도사'가 있다.

개미 → 선수 → 고수 → 도사

개인 투자자의 97%는 개미다. 그리고 이들은 주식 시장에서 돈을 잃는다. 선수, 고수, 도사는 단 3%에 불과하다. 그나마 손해를 보지 않고 주식에 투자하는 건 선수부터다. 왜 97%의 개미는 주식에서 손해만 볼까? 그 이유는 그들이 주식을 비쌀 때 사서 쌀 때 팔아서다. 개미들은 항상 밀짚모자를 여름에 사서 겨울에 판다. 자, 이제 당신에게만 '주식의 비법'을 알려주겠다. 주식 투자의 단 하나의 원칙이자 절대 원칙, 그것은 바로 주식은 쌀 때 사서 비쌀 때 파는 것이다. 어떤가? 너무 뻔한 말이라 실망했는가? 누구나 뻔히 알면서도 그 중요성을 깨닫지 못한다.

"세상의 진리는 길바닥에 떨어진 돌멩이처럼 어디에나 흔하게 있다. 그런데 그 돌멩이를 줍기 위해서는 몸을 구부려야만 한다. 문제는 많은 사람들이 '진리'라는 돌멩이를 줍기 위해 허리를 구부리는 노력조차 하지 않는다는 것이다."

벤 엘리에제르(Ben-Eliezer)가 한 말이다.

앞으로 이 책에서 주식 투자의 진리이지만, 길거리의 흔해 빠진 돌멩이 취급을 받는 비법을 설명해주겠다. 다시 말해서 '주식을 쌀 때 사서 비싸게 파는 방법'을 가르쳐주는 것이다. 그것을 줍는 것은 당신이 직접 해야 한다.

개미는 '호황에 매수하고, 불황에 매도'한다. 그래서 그들은 항상 손해를 본다. 왜 개미들은 맨날 손해 보는 거래를 할까? 그것은 사람에게는 이른바 '대세'를 따르는 경향이 있기 때문이다. 일종의 '군중심리'다. 중국집에서 음식을 시킬 때도 직장 상사가 "짜장면" 하고 주문하면, 나머지 다른 직원들도 똑같이 "짜장면"을 외치는 이유이기도 하다. 그래서 남들이 주식을 살 때 홀로 팔기 힘들고, 남들이 팔때 혼자서 사들이기는 더욱더 힘든 것이다. 사람의 행동과 습관은 그 사람을 둘러싸고 있는 환경의 영향을 많이 받는다. 특히 우리 뇌는 다수와 대립하면 뇌 속에 경계의 비상벨을 울린다. '다수와 너무 다르면 실수이자 오류'라는 메커니즘을 가지고 있어서 여럿이 매수하면 따라서 매수하고, 누군가 매도하면 같이 매도하고 싶어진다.

우리에게는 '사회적 통념'이라는 게 있다. '사회적 통념'이란 우리가 사는 사회에 일반적으로 널리 통하는 개념이다. 누구나 하는 당연한 생각이 사회적 통념이다. 하지만 통념에 젖어 있으면 그 '누구나'가 바로 당신이 된다. 통념에 사로잡힌 당신은 경기가 좋아 주가가 천장에 왔을 때 매수하고, 경기가 나쁠 때 바닥을 치면 매도한다. 주식에 투자해서 돈을 벌려면 '경기가 안 좋을 때 매수해서 좋을 때 팔아야 한다'고 말했다. 하지만 개미들은 통념에 사로잡혀 시장이 좋을 때 고점에 주식을 매수하고, 시장이 안 좋을 때 저점에 매도해

손해 보는 투자를 반복한다. 그 이유는 실패에서 배우지 못했기 때문이다.

대조적으로 선수들은 개미들과 반대로 매매한다. 약세장에서 기회를 보고 매수한다, 그리고 강세장에 위기를 느껴 손을 털고 나온다. 이들은 사회적 통념에서 벗어나 비판적 사고를 하고 시장을 있는 그대로 정확히 보는 것이다. 이런 능력을 '창의적 문제 해결력(Imaginative problem solving skills)'이라고 부른다. 그동안 익힌 지식과 기술을 조합해서 시장에서 수익을 볼 수 있는 방법을 도출하는 능력이다. 무작정 주식 투자해서는 절대로 돈을 벌 수 없다. 주식에서 수익을 보려면 주식 시장의 특성을 최대한 이해하고 활용해야 한다. '쌀때 매수하고 비쌀 때 더 비싸게 매도하는 것'이 최상의 주식 투자 기법이다. 그렇다고 해서 최저점에 사서 최고점에 매도하라는 뜻은 아니다. 보통은 무릎에서 사서 어깨에서 파는 것이다. 그렇게 항상 적당히 먹고 빠지는 게 중요하다.

매수하기 좋은 시장은
사람들이 '최악'이라고 할 때다

신문 1면만 봐도 매수할 때인지, 아닌지 안다.

· 신문 1면에 주가를 상징하는 화살표가 고꾸라져 땅을 뚫는 그림
  이 보이는가?

· 주가 폭락으로 넋을 잃고 망연히 TV를 바라보는 사람들의 사진
  이 있는가?
· 증권사 주가 전광판 앞에서 고개를 숙이고 얼굴을 감싸고 우는
  사람의 사진이 보이는가?
· 목덜미나 뒤통수를 두 손으로 감싸고 입을 벌리고 전광판을 보
  는 사람이 있는가?

어떤가? 이런 사진을 보고도 주식에 투자할 엄두가 나는가? 그런
데 이때가 예전부터 찜해둔 주식을 헐값에 매수할 최고의 적기다.

매수는 언제 하냐고? '공포감'이 들 때 한다

신문과 방송에서 곧 세계 경제가 망할 것 같은 뉴스를 몇 주간 쏟
아낼 때가 있다. "정말 다 망했다"라고 떠들어댄다. 주식 시장 '붕괴'
라는 말도 나오고, '끝 모를 추락', '정리해고', '연쇄 부도' 등의 여타
할 수 있는 모든 부정적인 말이 쉬지 않고 나온다. 이런 말이 방송에
서 쏟아져 나올 때가 바로 매수 시점이다.

그 많던 경기 낙관주의자들은 어디로 다 사라졌는지, 주변에는 온
통 비관주의자들만 남아 시장을 두려움에 떨게 한다. 개미들은 주식
을 공부한 적이 없으니 무지하고, 객관적 증거에 바탕을 두고 원칙을
세워 매매하지 않았으니 시장이 흔들리면 불안에 떤다. 그 무지와 불

안이 공포를 만들어 누군가가 약간 겁만 줘도 가진 주식을 헐값에 다 내던져 버린다. 폭락은 개미들의 투매에 힘입어 더 폭락하게 된다.

개미의 투매와 주가 폭락은 현금을 가진 선수들에게는 거의 축복에 가깝다. 투자금이 항상 준비되어 있는 선수들은 주가 '급락·투매·폭락·사이드카·서킷브레이커'와 같은 소식이 저녁 뉴스에서 들려올 때마다 즐겁고 기쁘다. 주가 대폭락 다음 날은 정말 밥을 먹지 않아도 배가 부르다. 이런 부정적 시그널은 곧 매수 철이 다가온다는 것을 알려주기에 선수들은 기뻐한다. 한술 더 떠서 신문에서 경제 증시 전문가 4~5인이 모두 다 "증시를 절망적으로 본다"라는 말이 나오면 신문을 양손에 잡고 환호한다. 어떤가? 당신도 딱 느낌이 오지 않는가? 매수의 때가 오고 있음을 말이다.

여태 너무나 오래 기다려왔다. 지금껏 주식은 잊고 본업을 충실히 하고 있었는데, 드디어 기다리던 때가 이렇게 온 것이다. 한 가지 유의해야 할 것은 폭락 후 개미들의 매수세가 계속해서 들어오는 것이다. 주가가 폭락해서 기관과 외국인은 다 빠져나가는데, 개미들의 매수세가 계속 들어오면 그것은 바닥이 아니다. 진짜 바닥에서는 개미의 수중에 투자할 돈이 없다. 정말 한 푼도 없고 빚만 남았다. 먹고살기도 빠듯한데 주식 투자를 할 돈이 어디 있겠는가? 폭락 후 시장에 개미들의 매수세가 들어오면 당신은 절대 매수하면 안 된다. 아직 매수 시기가 더 남았다는 뜻이다.

왜 매수 시기에는 개미한테 돈이 한 푼도 없을까?

주식 시장은 실물경제의 선행지표 역할을 하기 때문이다. 주식 시장이 좋으면 조금 후에 실물경제도 좋아진다. 반대로 주식 시장이 안 좋으면 나중에 실물경제도 나빠진다. 주가가 급락하면 실물경제의 사정도 녹록지 않게 된다. 그때는 사람들의 주머니에 당연히 돈이 없어진다. 그리고 경기가 나빠지고, 얼마 후에는 모든 경제지표가 다 하락으로 돌아서게 된다.

이것은 곧 '불황의 시작'을 뜻한다. 이제 조금만 더 기다리면 저가 매수 기회가 온다는 것을 의미하기도 한다. 불황이 시작되는 그때까지는 어떤 일이 있어도 참아야 한다. 주식을 조금 배운 사람은 이때 손이 근질거려 도저히 참을 수가 없다고 한다. 그래도 인내심을 가지고 끝까지 참아야 한다. 불황이 되어 드디어 기다리고 기다리던 매수 시점이 오면 앞으로 가르쳐줄 방법대로 관심 종목을 매수하면 된다. 종목의 매수가 끝났으면 그냥 기다리면 된다. 주가의 잔파도는 전혀 신경 쓸 필요가 없다. 조금 올랐다고 흥분하거나, 조금 내렸다고 절망하지 말라는 뜻이다. 그냥 바른 원칙대로 매매하면 무조건 돈을 벌 수밖에 없는 곳이 주식 시장이다.

큰 수익을 낼 좋은 종목은 빨리 위로 움직인다. 그러니 시황을 잘 판단해 저가에 잡아 둬야 한다. 조금만 늦어도 순식간에 주가는 붕 떠버리고 만다. 하지만 꼭 사고 싶었던 주식을 못 샀다고 해서 그것과 비슷한 아류 종목을 매수해서는 안 된다. 이런 짝퉁 주식은 상승은 느리고 하락은 빠르다. 만약 원하는 종목의 매수를 놓쳤으면 그냥 몇 년 후 다음 기회를 노리도록 하자. 참고 기다리면 반드시 매수의 기회는 다시 온다. 그때까지 또 본업에 충실하면서 다음 매수 시기를 기다리자. 주식을 하는 사람은 절대 마음을 조급하게 먹어서는 안 된다. 1~2년 하고 말 주식이 아니고, 늙어서 숟가락 들 힘만 있어도 얼마든지 할 수 있다. 이렇게 날로 먹을 수 있는 돈벌이가 세상 천지 어디에 있단 말인가? 그래서 주식을 잘하는 사람들이 회를 좋아하는 것 같다. 날로 먹어서.

주식이 정말 꼴도 보기 싫을 때가
매수 시기다

주식의 매수와 매도는 각 종목을 보는 게 아니라 시장의 상황을 보고 결정해야 한다. 나무에 포커스를 맞추는 것은 당신이 숲을 보는 것을 막는다. 즉 주식 매매는 나무가 아닌 숲을 보고 하는 것이다.

그렇다면 '언제 주식을 가장 싸게 살 수 있을까?'

그것은 바로 사람들이 주식을 꼴도 보기 싫어할 때다. 왜 꼴도 보기 싫냐고? 주식 투자로 손해를 너무 많이 봐서 빨리 팔아 치워 버리고 싶기에 그렇다. 개미들은 불황이 오면 누적 손실로 비관주의가 최고조에 달하고, 주식을 헐값으로 시장에 내다 팔아 버린다. 이들은 마음이 급해져서 시장가로 보유 주식을 던지기도 한다. 천장과 바닥은 계기가 만든다. 매도자는 넘쳐나고 매수자는 없을 때 개미들의 포지션과 반대로 과감히 주식을 사야 한다. 주식 시장이 가장 좋아 보일 때가 사실은 가장 위험할 때이고, 가장 비관적일 때가 가장 안전할 때다.

투매가 일어나 개미들이 주식을 시장가로 내던질 때 시가보다 몇 단계 아래 저가에 매수를 대기시켜둬도 체결이 된다. 컴퓨터 모니터를 계속 쳐다볼 필요 없이 HTS를 꺼버리고 당신이 해야 할 일을 하다가 장 마감 후 HTS를 확인해보면 대부분 다 체결이 되어 있을 것이다. HTS만 뚫어져라 쳐다보고 있다고 해서 체결이 빨리 이루어지는 게 아니니 매수 주문 후에는 HTS도, 당신의 신경도 꺼버려라. 그것이 마음도 편하고, 최대한 저가로 원하는 물량을 잡을 수 있는 방법이다. 만약 오늘 체결 안 되었으면 내일 사면 된다. 주식은 항상 느긋하게 마음을 가지도록 하자.

투자에는 목돈이 중요하다

목돈을 모으기까지는 절약해야 한다. 아무리 주식의 혜안을 가지고 있어도 돈이 없으면 투자를 할 수가 없다. 돈이 없다고 대출해서 투자해서는 절대 안 된다. 빚내서 주식 하면 반드시 망한다. 주식은 하고 싶은데 빚이 있으면 일단 빚부터 갚고 주식을 해야 한다. 주식 투자는 여윳돈으로 해야 한다. 빚으로 투자를 하면 이자를 지급해야 하기 때문에 마음이 급해져서 수익이 제대로 날 때까지 기다릴 수가 없다. 대출해서 주식 하는 사람이 성공하기는 낙타가 바늘구멍 통과하기보다도 어렵다. 거의 불가능하다고 생각하면 된다. '나는 달라. 대출해서 돈을 벌 수 있어'라고 생각하는가? 단언컨대 당신은 다르지도 않고, 대출로 돈을 벌 수도 없다. 증권 시장에서 자신을 과대평가하면 마이너스 수익률밖에 없다.

주식 투자에 필요한 목돈은 본업으로 조금씩 조금씩 모으면 된다. 그리고 투자금은 처음에는 많이 할 필요도 없다. 단돈 100만 원이면 충분하고도 남는다. "100만 원으로 벌어봐야 얼마나 벌겠냐?"며 처음부터 큰돈을 투자하는 사람들이 있다. 멍청한 짓이다. 사실 100만 원으로 몇 년간 돈을 벌어도 몇 푼 안 된다. 하지만 처음 4~5년간은 그 수익금을 보는 게 아니라, 주식을 공부하면서 투자 방법을 훈련하는 시기다. 어떤 기술을 배우고 난 다음 그대로 실전 투자를 해서 수익이 나는지, 안 나는지 확인해보는 시기다. 물론 현금으로 실제 투자를 해야지 가상 투자는 백날 해봐야 소용없다. 그리고 만약 손해를 봤으면 원칙을 수정하고, 수익이 났으면 투자금을 조금씩 조금씩 늘려가면 된다.

매수의 법칙 3.3.3

평상시에 증권사 리포트 추천 종목을 HTS에 월별로 잘 정리해두도록 하자. 매월 마지막 날에 각 증권사 추천 종목을 HTS에 저장해두면 된다. 한 달 동안 각 증권사 추천 종목을 정리해보면 대략 150~200개 정도가 된다. 중복되는 것은 그냥 중복시켜라. 그래야 여러 증권사에서 어떤 종목을 중복으로 추천했는지 알 수 있고, 주식 유행도 알 수 있다. 이렇게 수집된 정보를 분석하면서 매수의 기회를 기다리면 된다. 요즘은 HTS에 기업 설명도 잘 나온다. 당신이 관심을 가진 회사가 뭘 만드는지는 알아야 하지 않겠는가? 매수 기회는 쉽게 보이는 것이 아니지만 공부하고 노력을 계속하는 사람에게는 기다림의 보상이 되어 나타난다. 공부는 주식 투자의 밑거름을 닦는 일이다.

자, 드디어 때가 왔다면 이제 본격적으로 매수를 시작해보자.

매수는 1차 매수 30%, 2차 매수 30%, 3차 매수 30%로 한다. 나머지 10%는 비상자금이다. 매주 30%씩 주식을 매수하면 된다. 하지만 매수 후 더 하락한다면 매수를 멈춘다. 그리고 로스컷(Loss Cut)[1] 구간이 오면 반드시 로스컷에 걸린 주식을 매도해야 한다. 그리고 그 로스컷한 매도 자금은 현금으로 가지고 있으면 된다. 로스컷 했으면 일단은 쉬어야 한다.

---

1. 로스컷(Loss cut) 또는 스톱로스(Stop loss)는 '손절매도'를 말한다. 보유하고 있는 주식의 현재 시세가 매입가격보다 낮은 상태이고, 손해를 보더라도 팔아 추가 하락에 따른 손실을 피하는 방법이다. 즉 더 큰 손해를 막기 위해 작은 손해를 감수하고 주식을 내다 파는 것을 말한다.

서둘러 가려다가
오히려 이르지 못한다

중국 송나라에 어리석은 농부가 있었다. 그 농부는 자신의 논에 있는 벼가 다른 사람의 벼보다 덜 자란 것 같았다. 그래서 궁리 끝에 다음 날 자신의 논에 가서 벼의 순을 조금 빼 보니 약간 더 자란 것 같아 보기가 좋았다. 집에 돌아온 농부는 식구들에게 "온종일 벼의 순을 빼보느라 몸에 힘이 하나도 없다"고 이야기했다. 그 말을 들은 식구들은 기겁을 했다.

이튿날 일찍 농부를 포함한 식구들은 급하게 논으로 달려갔다. 하지만 논의 벼는 모두 다 하얗게 말라 죽어 있었다. 식구들은 농부에게 "왜 이런 짓을 했느냐?"고 묻자 농부는 "벼의 순을 뽑으면 더 빨리 자랄 것 같아서 그랬다"라는 어이없는 말을 했다. 여기서 나온 말이 '발묘조장(拔苗助長)'이다. 이 이야기와 같이 혹시나 해서 씨앗 심은 땅을 파보는 어리석은 짓을 절대 하면 안 된다. 씨를 뿌렸으면 그냥 물을 잘 주고 관심을 갖고 기다리면 된다. 주식 투자 또한 농작물을 기르는 것과 비슷하다. 온종일 매수한 종목을 쳐다보고 있으면 견딜 수가 없다. 그러니 매수한 후에는 주식에 관한 것은 다 잊고 당신이 원래 하던 본업으로 돌아가자.

매수가 끝났다면 이미 주사위는 던져졌다. 같은 판에 다시 주사위를 던질 필요는 없다. 이상하게 매수하고 나면 또 사고 싶은 종목이 눈에 밟히기 시작한다. 현재 보유한 종목보다 더 좋아 보이는 주식이 보여도 추가 매수를 해서는 안 된다. 주식을 매수한 후에는 HTS를 아예 켜지 않는 것도 좋다. 시세를 자주 확인하다 보면 잔파도의 유혹에 흔들리게 된다. 500% 이상 오를 종목을 30% 수익 보고 파는 경우가 생길 수도 있다. 그러니 매수 후에는 주식을 잊고 살자. 그리고 뒷부분에 다시 말하겠지만, 고점 매도 후 생긴 수익금은 그냥 현금으로 계좌에 두면 된다. 주식에 투자해서 돈을 버는 원칙은 아주 간단하다.

저점 매수 – 고점 매도 – 쉬기

여기에서 실천하기에 제일 힘든 게 있는데, 바로 주식을 할 돈은 있는데 아무것도 안 하고 쉬는 것이다.

어디에나 바보는 있다. 특히 주식 시장에서 가장 바보는 '기다리는 것은 시간을 허비하는 거야. 요번에 몇백 % 수익을 봤으니 지금 바로 투자하면 더 큰돈을 벌 수 있을 거야'라고 생각하는 사람이다.

시도 때도 없이 거래하면 반드시 망한다. 고점 매도 후 돈을 벌었으면 적어도 1년 이상은 쉬어야 한다. 선수가 되기 위해서는 기다림의 지루함을 견뎌야 한다. 우연히 한 번 얻은 승리에 취해 다음에 또 이긴다고 착각하면 안 된다. 제발 행운의 함정에 빠지지 마라!

'당신이 고른 주식의 가격이 올랐다면 당신이 종목을 잘 선택한 게 아니고 단지 운이 좋았을 뿐이다.'

진심으로 안타까운 것은 개미들은 운 좋게 한 번 돈을 벌고 나면 자신감과 자존감이 하늘을 찌른다는 것이다. 하지만 그것은 어쩌다 아주 살짝, 그리고 짧게 성공의 맛을 본 경우다.

경험과 증거를 바탕으로 만든 원칙에 따르지 않고, 우연한 기회에 얻은 행운을 실력으로 착각해서는 안 된다. 또한, 이 행운이 지속할 것이라는 상상을 해서도 안 된다. 첫 승리의 달콤함이 이성의 눈을 가려 시장을 보는 눈을 왜곡시킨 것이다. 그래서 실력이 뒷받침되지 않는 행운은 독이 되어 돌아온다. 현명한 선수는 매도 후 인내심을 가지고 때를 기다린다.

초보들이 가장
자주 하는 실수

초보들은 항상 풀매수를 한다

매번 깡통을 차는 사람들의 특징은 풀매수를 한다는 것이다. 이들은 시장이 좋든, 나쁘든 상관없이 있는 돈 탈탈 털어 주식을 산다. 주머니에 조금이라도 돈이 있으면 불안해서 견딜 수가 없다. 시장 상황과 관계없이 있는 돈을 싹 끌어모아 주식을 사면 그제야 비로소 막힌 체증이 내려간 것처럼 마음의 평안을 찾는다. 그래서 개미는 항상 무슨 종목이든 보유한 상태다.

가끔 이들은 자신이 지금 무슨 종목을 보유하고 있는지도 모른다. 돈만 생기면, 텔레비전이나 신문에 나온 종목을 일단 사고 본다. 그러니 하락의 풍파는 직통으로 다 맞고, 사고 싶은 종목이 시장에 저가에 나와도 살 돈이 없다.

초보들이 가장 좋아하는 빵은? '몰빵'

몰아서 한두 종목에 투자하는 것을 '몰빵'이라고 한다. 일부 초보 개미는 한 종목에 몰빵을 자주 한다. 그것도 대출까지 받아서 몰빵하는 사람도 있다. 이런 '몰빵맨'들은 몰빵한 주식의 주가가 조금만 흔들려도 엄청난 스트레스를 받는다.

사람이 심한 스트레스를 받으면 이성과 판단력이 상실된다. 그리고 조금이라도 돈을 잃어서 절망감에 사로잡히면 쉽게 마구잡이식의 과격한 거래로 이어진다. 이때부터는 이성은 멈추고, 즉각적인 감정과 스트레스만 작동한다. 마치 8세 이하 미취학 아동이 마트에서 떼쓰는 것처럼 군다. 그러니 어찌 망하지 않을 수 있겠는가.

항상 분산 투자를 해야 한다

보통 3,000만 원 이하를 소액이라고 한다. 소액 투자할 때는 3~5종목 이상 분산 투자하는 게 좋다. 물론 현금 비율 10%를 유지하면서 말이다. 그리고 1억 원 이상의 고액 투자를 할 때는 5~10종목이 적당하다. 투자 금액이 얼마든 항상 현금 10%는 유지하는 게 좋다. 이런 포트폴리오 구성은 누구나 할 수 있지만, 아무나 실천할 수 없는 기술이다.

그렇다면 나머지 현금 10%는 왜 가지고 있어야 하나?

그 돈은 리스크 헤지(Hedge)용이다. 투자 심리학적으로도 수중에 현금이 있으면 마음이 조금은 편해지고, 냉철하게 시장을 바라볼 수 있는 힘이 생긴다. 내일 장이 불안하면 선물이나 옵션으로 헤지를 걸어 두면 된다. 현금 10%가 안전장치 역할을 하면서 불안을 해소시킬 수 있다.

사지 마! 사지 마! 사지 마! 제발 사지 좀 마!

'상한가 따라잡기, 작전주 따라잡기, 테마주 투자'는 전문 단타 선수가 아니라면 해서는 안 된다. 사실 선수들도 잘못 들어가 계좌가 거덜나는 경우가 흔하게 있다. 초보 단타족들의 특징은 적게 먹고 많이 토해낸다. 제발 이런 방법은 하지 않았으면 한다.

이른바 '기적의 투자 기법' 같은 것은 없다. "누가 어떻게 해서 돈 엄청나게 벌었다고 하더라" 같은 말은 대부분이 다 '뻥'이다. 내가 장담한다. 아주 특이한 방법으로 잠깐 돈 번 사람이 있다. 하지만 오래 가지 못하고 계좌는 곧 깡통이 된다. 계좌를 인터넷이나 방송에 오픈하는 사람도 있다. 이런 경우는 분명 자신이 먼저 물량 확보 후 추천해서 이익을 챙기려는 '꾼'들이거나, 여러 계좌를 만들어 몰아주기를 한 사람들이다. 개미들에게 단기간 큰 수익을 볼 수 있다고 말하는 것은 다 거짓말이라고 보면 된다. 증권가에 그런 방법은 없다. 다시 말하지만, '단기간에 큰 수익을 볼 수 있는 방법'은 없다.

거래 방법의
종류

스캘핑(Scalping)

초 단위·분 단위로 매매를 한다. 분 차트를 보며 매수를 하고, 몇 호가라도 오르면 바로 매도한다. 조금씩 자주 먹는 것이다. 초단타 매매다.

데이 트레이딩(Day trading)

스캘핑보다는 보유 시간이 길지만, 하루에 3~5번 정도 매매를 한다. 말 그대로 데이 트레이딩이다. 주식을 가지고 다음 날까지 오버홀딩하지 않는다.

스윙 트레이딩(Swing trading)

짧게는 며칠에서 길게는 몇 주까지 보유해 이익을 실현하는 기법이다. 큰돈을 운영하는 전문 선수들은 스윙과 장기 투자를 번갈아가며 한다. 박스권 장세에서는 스윙을 하고, 바닥을 찍고 상승장이 형성되면 장기 투자를 한다. 전업 프로 선수들이 하는 방법이다.

장기 투자(Long-term investment)

기본적 분석과 기술적 분석을 해서 가치가 있다고 생각하는 주식을 1~3년 보유하고 매도하는 기법이다. 장기 투자를 하는 사람은 완전 초짜거나 초고수이거나 딱 두 부류다. 보통 주식을 조금 배우면 데이 트레이딩부터 손대고 그다음이 스캘핑, 그리고 스윙 트레이딩을 하고, 제일 마지막 단계에 장기 투자로 넘어간다.

트레이더의 수익순위는 단타보다는 스윙 트레이더들이 돈을 더 많이 벌고, 스윙보다는 장기 투자가 훨씬 더 많이 번다. 단타는 자주 먹는 대신에 이익이 크지 않다. 그리고 그냥 놔둬도 계속 올라갈 주식을 괜히 '샀다, 팔았다'를 반복해 상승 구간 수익률을 다 까먹는 경우가 허다하다. 웃긴 것은 그냥 가만히 둬도 계속 오를 주식을 말이다. 단타로 종일 매수·매도했는데 그냥 하루 홀딩한 수익만도 못한 경우가 많다. 단타는 몸은 바쁘고 수익은 적다.

스윙 트레이더는 보통 5일~21일 정도 보유했다가 이익을 실현한다. 스윙 트레이더의 타깃이 되는 종목은 주로 쌍둥이 종목들이고, 박스권에서 노는 종목들이다. 대신에 스윙 트레이더들은 머리도 좋아야 하고 엄청나게 공부해야 한다. 기술적 분석뿐만 아니라 기본적 분석까지 능숙해야 할 수 있다.

스윙은 '쌍둥이 종목'을 잘 분류해둬야 한다

업종은 다른데 주가가 거의 비슷하게 움직이는 종목들이 있다. 그것을 '쌍둥이 종목'이라고 한다. 쌍둥이 종목 매매법은 쌍둥이 종목 중 먼저 움직이는 종목이 감지되면 바로 다음 종목을 매수하는 것이다. 한 종목이 오르고 불과 몇 분, 몇 시간 있다가 따라서 오른다. 정말 기가 막히게 똑같이 오른다.

하지만 스윙이 그렇게 수익을 많이 올려도 장기 투자는 절대로 못 따라간다. 저점에 물량을 잡고 그냥 두기만 하면 되는 게 장기 투자다. 증권쟁이 중 거부들은 다 장기 투자를 하는 사람들이다. 투자 금액이 커지면 어차피 단타와 스윙을 할 수가 없다. 그러니 고수가 되고 수익이 쌓일수록 자연스럽게 장기 투자로 넘어가게 되는 것이다.

매수가 중요할까? 매도가 중요할까?

많은 사람이 매수보다 매도가 중요하다고 말한다. 일면 맞다! 매도는 아주 중요하다. 하지만 매도보다 훨씬 더 중요한 것은 바로 '매수'다. 다시 말하지만 매수가 매도보다 훨씬 중요하다. 주식 투자의 핵심은 바로 매수다. 매수는 천천히 하고, 매도는 빨리 하는 게 선수의 기본이다. 만약 누군가 반대로 말하는 사람이 있다면 실전에서 제대로 돈을 벌어본 사람이 아닐 확률이 높다. 실적이 좋은 회사도 마찬가지다. 채용은 천천히, 해고는 빨리 해치운다. 망하는 회사를 보면 항상 이 반대다. 채용은 성급하게 하고, 해고는 미적미적하다가 결국은 큰일을 치른다.

불황에
옥석이 가려진다

텔레비전에서 순두부가 나왔다. 연예인들이 순두부를 맛있게 먹는 장면을 보는 순간 나도 순두부가 먹고 싶어졌다. 그래서 집사람에게 순두부를 먹으러 가자고 하고 차를 몰고 나왔다. 맘카페에서 맛있다고 소문난 집이 있다고 해서 그 순두부 맛집의 주소를 내비게이션에 찍었더니, 어느 산 중턱에 자리를 잡고 있었다. 인터넷으로 맛집을 검색하고 가서 맛있었던 적이 거의 없었기 때문에 별 기대를 하지 않았다.

나는 뭘 먹으러 멀리까지 가는 것을 별로 좋아하지 않는다. 특히 고기도 아니고 순두부를 먹으러 차를 몰고 산으로 올라가기는 더더욱 싫었다. 하지만 어쩌겠는가? 내가 텔레비전을 보고 순두부를 먹자고 했고, 내가 집사람에게 검색해보라고 시켰으며, 내가 그곳으로 가자고 했으니 말이다. 순두부집을 가기 위해 차를 몰고 한참을 내달

렸다. 그리고 내비게이션은 우리를 정말 어느 이름 모를 산으로 안내했다. 산비탈을 넘으며 내심 투덜거렸다. "이런 산 중턱까지 찾아와 밥을 먹는 사람이 누가 있겠냐?"는 말이 끝나자마자 저 멀리 식당이 보였다. 한눈에 알 수 있었다. 산 중턱에 뜬금없이 간판에 크게 '순두부'라고 촌스럽게 빨간색으로 쓰여 있었고, 주위에 집 비슷하게 생긴 것은 그 식당밖에 없었다.

주차장에 들어갔다. 주차장이라고 하기도 뭐한 곳이다. 그냥 비포장 평지에 얇은 밧줄로 주차선을 표시하고 있었다. 한 번에 수십 대를 주차할 수 있게 해놓았다. 일단 주차장이 넓었다. 물론 넓어도 땅값은 분명 얼마 안 할 것이다. 거저 줘도 장사하지 않을 땅이다. 그런 곳에 맛집이라고 소문난 식당이 있었다. 점심시간이 한참 지난 시간이지만, 그 넓은 주차장에는 차가 꽉 들어차 있었다. 정말 웃기지도 않았다. 유명한 산도 아니고, 그냥 이름도 없는 보통 야산이다. 그런 산 중턱에, 도로조차 잘 나 있지 않은 곳에 순두부 식당이 있었다. 모르긴 몰라도 몇백 평 땅값이 소형차 한 대 가격도 안 될 것처럼 보였다. 식당도 조립식 패널로 만든 곳이었다. 그런 식당에 주차장에는 차가 꽉 차서 더는 차 댈 때가 없고, 식당 안은 사람들로 꽉 차 있었다. '세상에 이런 일이!'었다. 더 기가 막힌 것은 식당에 들어서서 겨우 자리를 잡고 앉았는데 한 직원이 아무 말없이 내 앞에 다가왔다.

"몇 인분?"

물도 안 주고, 메뉴판도 없이 '몇 인분?'을 시킬 것인지 물어봤다. 그리고 "몇 인분 시킬 건가요?"도 아닌, "몇 인분?" 처음에는 반말을 했나 싶었다. 식당의 좌측 편에 주방이 있었는데, 식기를 설거지하는 소리가 너무 시끄러워 거슬렸다. 그런데 직원이 손님한테 반말 비슷하게 하다니. 확실히 정리하자면 찾아오기 힘들고, 시끄러우며, 불친절하고, 음식 비주얼도 별로였다.

"메뉴판 없나요?"라고 했더니, 직원은 고개를 저으며 없다고 했다. 우리가 들어온 정문 쪽에는 그냥 순두부 1인분 가격만 쓰여 있었다. 다른 건 없고 그냥 순두부만 팔고 있었다.

"2인분요"라고 했더니 종업원은 대답도 없이 쌩하고 사라졌다. 그리고 정말 한 1분쯤 후에 순두부 2인분이 나왔다. 아마 세상에서 제일 빠른 순두부였던 것 같다. 맛없게 생긴 푸르죽죽한 김치 몇 조각이 반찬의 전부였다. 어처구니없어 헛웃음을 짓다가 맛을 보았다. 그런데 이럴 수가! 맛있었다. 근래에 먹어본 순두부 중에서 제일 맛있었다. 더 웃긴 것은 그 맛없게 생긴 푸르죽죽한 김치마저도 맛있었다.

순두부는 특성상 손님들이 금방 먹고 나가서 테이블 회전율이 빠를 수밖에 없다. 그런데 그 식당은 손님으로 꽉 차 있었다. 일어서서 테이블을 보니 손님들이 너무 많아 사람들의 머리가 무슨 까만 콩처럼 보였다. 이 식당의 특징은 주방에서 들리는 식기 설거지 소리가 너무 시끄러워 앞 사람과 대화도 힘들 정도였다. 그리고 직원들은 아무 말도 없이 일사불란하게 움직였다. 우리보다 뒤에 온 사람들도 주문하고 채 1분도 안 지났는데 순식간에 주문한 메뉴가 나왔다. 중요한 것은 맛있었다. 그리고 테이블도 낡았지만 깨끗했다. 맛집은 테이블만 봐도 안다. 일단 손바닥을 테이블에 댔을 때 쩍 하고 끈적이지 않고 뽀송뽀송하다. 바닥도 깨끗했다. 전체적으로 오래되었지만 깨끗한 전형적인 맛집이었다. 인터넷을 검색해서 찾은 최초의 맛집이었다. 다들 '불경기라고, 장사가 안 된다'고 난리를 치는데, 이 순두부집은 손님으로 넘쳐나 난리가 났다.

역시 "아무리 어려워도 되는 집은 된다"라는 공식이 적용되는 순간이다. 안 되는 집은 경기가 아무리 좋아도 안 되지만, 되는 집은 경기가 안 좋아도 손님들이 멀리까지 일부러 찾아서 온다. 입지 좋은 터, 인테리어에 수억 원을 투자하고도 직원의 수가 손님의 수보다 더 많은 집이 허다하다. 그런데 어느 이름 모를 야산에, 일부러 찾지 않는 한 아무도 알 수 없는 이런 곳에서 식당을 한다. 주차장에 줄을 쳐놓고, 태풍 불면 날아갈 것처럼 생긴 이동식 패널로 식당을 지어 장사를 하는데, 발 디딜 틈 없이 손님들로 가득하다. 만약 이 식당에서 주식을 발행한다면 난 단 1초도 망설이지 않고 집을 팔아서라도 최대한 많이 매수할 것이다. 호황에는 웬만한 가게가 다 잘된다. 옥석을 가릴 수가 없다. 그러니 불황을 기다렸다가 이 순두부집 같은 주식을 찾아야 한다.

Part

2

로스컷
(Loss Cut)

유도, 스키, 주식의
공통점

넘어지는 것부터 배우는 것이다

유도를 처음 배우러 가면 낙법부터 배운다. 스키도 넘어지는 것부터 배운다. 그 이유는 안전하게 넘어지는 게 가장 중요하기 때문이다. 넘어지는 것을 배우다 보면 이제는 넘어져도 다치지 않는다는 확신이 생기고, 나중에는 넘어지는 것을 즐기는 단계까지 가게 된다. 그때가 바로 당신이 원하는 기술을 배울 수 있을 때다.

주식에서 가장 필요한 것이 '평정심과 담대함'이다. 이 둘은 성공을 통해 얻어지는 게 아니라 실패의 경험을 통해 배울 수 있다. 주식 투자에서는 넘어져도 크게 다치지 않고 다시 벌떡 일어날 수 있다는 확신이 들면 그 결과로 '평정심과 담대함'이 길러진다. 다시 말하자면 넘어지지 않기 위해 넘어지는 것부터 배우는 것이다. 살다 보면 어쩔 수 없이 넘어져야만 할 때가 있다. 그때 넘어지지 않으려고 버티다가 크게 다쳐서 다시는 못 일어나는 경우가 생긴다. 주식도 이와 똑같다. 매수·매도보다 더 중요한 게 바로 손절매다. 흔히 우리가 말하는 '로스컷'이다. 스키와 유도에서 넘어지는 것과 낙법을 배우는 것처럼 주식에서도 가장 먼저 쉽고 안전하게 손절매하는 법부터 배워야 주식에서 성공할 수 있다.

로스컷은 보통 10~30%에서 한다. 데이트레이더는 로스컷을 더 짧게 잡는다. 이 책은 단타용이 아니라 스윙 트레이드와 장기 투자를 위해 쓴 것이라 단타 로스컷에 대한 설명은 생략한다. 스윙 트레이드 (7일~21일)는 15~20%대로 하는 게 좋다. 이것은 선수들 자신의 성향에 맞게끔 높낮이를 조정해서 쓰면 된다.

유치원생도 할 수 있는 게 바로 이 로스컷이다. 그런데 왜 97%의 개미들은 로스컷을 하지 못해 투자금을 다 날리고 마는 것일까? 그것은 비싸게 사서 싸게 팔기 싫어하는 인간의 본능 때문에 그렇다. 이것을 '후회 회피(Regret avoidance)'라고 한다. 후회 회피는 투자자가 잘못된 결정을 내려 손실을 본 경우, 곧 반전되어 손실이 회복될 수 있다는 희망 때문에 투자금을 계속 주식에 넣어 두는 것을 말한다. 즉, 로스컷을 하지 못하는 것은 인간의 본능이다. 그러나 선수와 같이 인간의 본능인 후회 회피를 이겨내고 손실을 본 종목은 과감히 로스컷을 해야 주식 시장에서 돈을 벌 수 있다.

선수인지 아마추어인지는
로스컷 하는 것만 봐도 알 수 있다

선수는 스스로 정한 로스컷의 원칙을 철두철미하게 지킨다. 어떨 때 보면 로스컷을 즐기는 것처럼 보일 때도 많다. 선수들은 보유한 포트폴리오 중에 현재 시장과 어울리지 않거나, 수급의 힘을 제대로 못 받아 주가가 하락하면 가차 없이 로스컷 해버린다. 이들에게 '로스컷'은 손실을 뜻하는 게 아니라, 작은 손실을 통해서 큰 손실을 예방하는 일종의 유용한 도구인 것이다. "로스컷 하고 혹시 내일부터 올라가면 어떻게 하지?"라는 쓸데없는 걱정은 할 필요도 없다. 선수들은 "올라가기 시작하면 그때 다시 매수하면 돼"라고 말한다. 그들은 주식을 믿지도, 애정을 갖지도, 사랑하지도 않는다. 그냥 원칙대로 시장에 대응할 뿐이다. 잘 올라가는 주식에는 힘을 실어주고, 못 올라가는 주식은 가차 없이 잘라 버린다. 이들에게 중요한 것은 실패에 대한 발전적인 관점이다. 즉, 수익은 그냥 둬도 되지만 손실은 절대 그냥 놔둬서는 안 된다는 말이다.

증권맨 중에 고객에게 쩔쩔매는 직원이 있다. 허우대가 멀쩡하고 세련된 말을 많이 하지만, 수익을 못 내는 직원들은 고객 앞에서 쩔쩔맨다. 그것은 수익을 내지 못했기 때문이다. 그러나 고객 알기를 우습게 아는 직원도 있다. 고객에게 전화가 오면 바쁘다고 끊어버린다. 이들의 행동에는 거칠 게 없다. 태도가 뻣뻣하고 말도 함부로 하고 건방지지만, 고객이 도리어 자존심을 굽히고 들어온다. 왜냐고?

그것은 고객에게 수익을 내주는 실력 있는 직원이기 때문이다. 증권 맨이 '수익' 말고 무슨 다른 할 말이 있겠는가? 프로 선수 또한 결과 말고는 더 이상 할 말이 없다. 실력 있는 증권맨과 프로 선수의 공통점은 바로 '로스컷'이다. 선수는 목수가 되어야 한다. 목재의 종류마다 어떤 도구를 사용해야 하는지를 배우고 자유자재로 쓸 수 있어야 한다. 그중에서 가장 중요한 도구가 바로 '로스컷'이다.

태풍이 불면 우산 따위는 있으나 마나다

소나기는 일단 피해야 한다. 아무리 우량주라고 하더라도 폭락이라는 억수 같은 소나기가 내리면 피할 수 없다. 비가 너무 많이 오면 우산을 써도 비를 맞기 마련이다. 태풍이 불면 우산 따위는 있으나 마나다. 그러니 장세가 꺾여서 장기 하락 트렌드가 시작되면 주식에서 돈을 빼서 현금으로 가지고 있는 게 가장 좋은 방법이다.

하지만 주식을 해본 사람들이 가장 힘들어하는 것이 바로 주식을 다 팔고 가만히 있는 것이다. 이들은 돈이 주식에 들어가 있지 않으면 불안해서 견딜 수가 없다. 가끔 장기적 하락 추세에서 잠깐 상승이라도 나오면 가슴이 요동을 친다. '혹시 이러고 가만히 있다가 나만 상승 시장에서 소외되는 거 아니야?'라는 생각이 들면 견딜 수가 없다. 그래서 다시 돈을 주식에 집어넣고야 만다. 장기적으로 하락하다 보면 잠깐씩 주가가 오를 때가 있지만, 한번 꺾인 추세는 쉽게 방향을 바꾸지 않는다. 등산할 때를 생각해보자. 분명히 산을 오르고 있지만, 가끔 내리막 구간이 있지 않은가? 잠깐 내려가는 구간이 있다고 하산하는 게 아니다. 반대로 하산하다 보면 잠깐씩 오르막 구간이 나온다. 잠깐 오르막이라고 해서 산을 오르는 것 또한 아니다. 이 잠깐 상승과 잠깐 하락에 흥분해서 급하게 대처하면 안 된다. 주식 투자는 항상 여유를 가지고 임해야 한다.

1억 2,000만 원으로
떠나는 놀이공원

평소에 알고 지내던 학교 선배에게서 전화가 왔다. 어느 반도체 회사의 연구원으로 근무하던 선배였다. 자사주를 받았는데 그것을 더 사고 싶다고 했다. 차트를 보니 12,000원대였다. 얼마 전까지 18,000원까지 올랐던 주식이고, 차트상으로는 기술적 반등 후 작은 매물대만 뚫으면 상승이 가능한 종목이었다.

그래서 "얼마나 돈을 더 넣을 생각이냐?"고 물어보니 지금 1억 2,000만 원 정도 있는데 풀매수하고 싶다고 했다. 회사에 무슨 좋은 소식이 있냐고 물어보니 연구실 들어가는 복도에 형광등을 하나씩 뺀다고 이야기했다. 원래 10개였으면 3개 중에 하나를 뺀다는 것이었다. 그리고 불필요한 회의가 잦다는 말도 들었다. 단합을 위해 회식을 자주 한다고도 했다.

"선배. 차트상으로는 반등할 수 있지만, 차트는 믿을 게 못 됩니다. 그리고 그 돈은 투자하지 않는 게 좋을 것 같습니다."

"한 달 전만 해도 18,000원 가던 주식이잖아! 다시 18,000원까지 가지 않을까?"

"선배가 그 회사에 근무하니 누구보다 더 잘 아시지 않습니까? 보통 비용을 절감하고 회의가 잦다는 말은 회사 상태가 별로 안 좋다는 얘긴데요."

"그건 그래. 나도 지금 대만에 있는 회사로 이직을 생각하고 있거든."

어이가 없었다. 회사 사정이 안 좋다는 것을 누구보다 더 잘 알고 있고, 또 곧 이직할 사람이 무슨 미련이 남아 주식을 더 사겠다는 것인지 이해할 수가 없었다. 이 선배의 논리는 '얼마 전까지 18,000원 갔으니 곧 다시 그 가격까지 가지 않겠느냐?'인 것 같았다. 이런 경우는 아무리 말려도 살 사람은 산다. 특히 학교 선배나 친척들은 내 말을 절대 듣지 않는다. 그 선배도 마찬가지로 내 말을 듣지 않고, 그 주식이 내려갈 때마다 물타기를 해서 매수했다. 주식 숫자는 늘었지만, 총자산은 점점 줄어들었고, 12,000원 하던 주가는 나중에 1,000원 이하로 떨어지고 법정관리와 감자까지 들어갔다가 헐값에 다른 회사에 인수되었다. 대기업도 날아가는 데는 한순간이었다.

몇 년 후 우연히 그 선배를 만났다. 예전에 선배가 말한 대로 이직을 했고, 대만 회사인데 한국에서 근무하고 있다고 했다.

"선배. 1억 2,000만 원 넣은 주식 어떻게 됐나요?"

"응, 1억 2,000만 원이 50만 원이 됐지."

"로스컷 안 했어요?"

"로스컷 대신에 물타기를 했어. 내려갈 때마다 조금씩 사 모았는데, 나중에는 평가금액이 50만 원 찍히던데."

"그래서 그 돈은 어떻게 하셨어요?"

"찾아서 와이프와 애들이랑 롯데월드 갔다 왔어. 1억 8,000만 원으로 떠나는 놀이공원이었지."

"1억 2,000만 원 아니었어요?"

"자사주로 받은 거랑 하락할 때 조금씩 더 샀다니까!"

정말 웃기면서 슬픈 이야기였다.

명심해라! 로스컷 못 하면

1억 8,000만 원이 50만 원도 될 수 있다.

주식 투자에서
제일 중요한 게 뭐라고?

주식은 언뜻 보기에 쉬워 보인다. 증권계좌를 처음 개설한 초보도 수익을 낼 수 있다. 주가는 대부분이 우상향으로 움직이기 때문에 매수하고 기다리면 웬만하면 다 올라간다. 그래서 주식 초보들은 운이 좋게 수익을 보면 자신이 마치 미다스의 손이라도 된 것처럼 우쭐거릴 때가 많다. 하지만 이런 교만은 아주 잠깐이고, 곧 계좌는 점차 바닥을 드러내 결국 깡통을 찬다. 왜 이런 일이 벌어질까?

"왜 개미들의 97%가 깡통을 찰까?"

그것은 바로 '로스컷' 때문이다. 개미들은 로스컷을 못해 결국은 빈털터리로 시장에서 퇴출당하는 것이다. 로스컷을 두려워하지 않는 마음을 갖는 것이 궁극적으로 더 나은 결과를 낳게 된다. 그리고 로스컷을 즐길 수 있어야 진정한 트레이더가 될 수 있다.

로스컷을 못하는 이유 같지 않은 이유

"로스컷 하세요"라고 말하면 고객들은 끝도 없이 그 종목을 로스컷 하면 안 되는 이유를 내게 설명한다. 자신이 그 회사에 대해 잘 안다는 사람부터, 그 회사의 제품 평가까지 늘어놓는다. 가끔은 회사 대표의 인성까지 말하는 사람도 있다. 포트폴리오와 사랑에 빠진 그들을 도저히 설득할 수 없다. 이런 사람들은 자신의 주장을 보호하기 위해서 이를 뒷받침할 수 있는 증거를 찾고, 상반된 주장에는 의문을 품고 반박할 근거를 수집한다. 이런 부류의 고객에게는 "웬만하면 주식 투자하지 말고 부동산 투자하세요"라고 권유했다. 내가 부동산에 대해 잘 알아서 권유한 게 아니라 다시는 말 섞기 싫어서 그랬다.

주식 투자는 오래 했다고 잘하는 게 아니다. 가끔 고객 중에 이런 말을 하는 사람들이 있다.

"내가 말이야 주식 투자를 30년 했는데 말이야."
"내가 그때 돈을 얼마나 벌었냐면."

시장에 있다 보면 이런 과장되고 허무한 무용담을 많이 듣게 된다. 빈털터리에서 부자가 되었다가 다시 빈털터리로 되는 사람들의 이야기다. 옛말에 "구슬이 서 말이라도 꿰어야 보배고, 경험이 삼십 년이라도 꿰어야 지혜가 된다"고 했다. 이런 사람들은 투자 경력이 오래될수록 쓸데없는 무용담만 더 많아진다. 사실 그들의 과거 기억도 믿을 게 못 된다. 왜냐하면 인간은 과거의 기억을 회상할 때 기억을 그대로 떠올리지 않고, 현재 자신의 상태와 연관된 방향으로 재편집하고 이야기를 만들어내려는 본능이 있기 때문이다.

그리고 이들은 자신이 옳다는 독선의 함정에 빠져 있다. 투자 실패의 책임이 자신의 실력 부족이 아니라, 다른 어떤 외부의 요인으로 돌리는 데 몰두하다 보니 이들의 궤변은 끝이 없다. 이런 사람은 마치 방음벽에 둘러싸인 사람 같다. 매번 주식 투자에 실패해도 그 원인을 파악하지 못하고 자신의 의견과 일치하는 정보만 보고, 새로운 의견이나 정보는 받아들이려고 하지 않는다. 실력은 부족한데 자신을 과대평가하고, 능력이 있는 사람은 오히려 과소평가한다. 이런 사람들은 자기의 정체성을 돋보기와 현미경으로 살피고 조사해 다른 사람보다 희귀한 것, 차이가 나는 것, 특별한 것을 찾아내 단순하고 일방적인 방법으로 자신을 정의한다.

이렇게 자기 자신의 작은 장점을 확대해서 해석하는 것을 '마법적 사고(Magical thinking)'라고 한다. 다시 말하면 남을 볼 때는 오목렌즈로 작게 보고, 자신을 볼 때는 돋보기로 확대해서 보는 것을 말한다. 이들의 마법적 사고는 자신을 돋보기로 보며 스스로 과대 지각한다. 이들의 실력은 마법적 사고 덕분에 아마 30~40년이 아니라 300~400년이 흘러도 변함 없을 것이다. 자신을 객관적으로 볼 수 없는 사람은 스윙 자세가 잘못되었는데 골프채만 바꾸는 골퍼와 비슷하다.

개미는 로스컷 하며 아까워서 어쩔 줄 몰라 한다

시장과 싸우려는 사람들이 있다. 절대 이길 수 없는 싸움이다. 시장은 이미 추세가 꺾여 하락하고 있는데, 로스컷을 하는 게 아니라 혼자서 물타기 매수를 지속하고 있다. 개미의 특징은 욕심이 끝없고 같은 실수를 반복한다. 많은 사람들이 자신에게 유리한 정보만 받아들이고, 자기 생각과 같은 전문가의 의견만 듣는다. 갑자기 외국인 매수가 조금만 들어오면 자신의 판단이 맞았다며 환호한다.

당신이 바라는 시장 상황과 진짜 시장 상황을 혼동해서는 안 된다. 실수를 인정하면 더 많은 것을 배울 수 있고, 다시는 같은 실수를 반복하지 않을 수 있다. 시장을 잘못 봐서 손실이 났으면 그 손실을 인정한 후 로스컷 하고 기다려야 한다. 그 기다림이 길어질 수도 있다. 주식 선수들은 기다리는 데도 선수다.

'나는 기다릴 새가 없어. 지금 당장 돈을 벌어야 하는데, 어떻게 손을 놓고 기다리라는 거야? 내가 본 손실이 얼마인데 또 기다려? 빚내서 투자했는데 기다리면 원금과 이자는 어떻게 낼 거야?'

개미들은 이런 생각을 하며 못 견디고 시장에 뛰어든다.

이런 초보 개미들은 마구잡이 매수·매도를 반복함으로써 지금 빠진 손실의 늪에서 빠져나오려고 한다. 그러나 이들이 몸부림을 치면 칠수록 손실의 늪에 더 깊이 빨려 들어간다. 더는 자신의 힘만으로는 희망이 없다고 생각한 초보 개미는 자신을 구원해줄 강력하고 현명하며 자신을 이 마이너스의 구렁텅이에서 구원해줄 메시아 같은 전문가를 찾아 나선다. 얼마 가지 않아 자신이 얼마나 어리석은 짓을 했는지 계좌의 잔액이 말해준다.

시장과 싸우는 것은 배를 타고 태평양과 싸우는 것과 같아서 절대로 이길 수가 없다. 가끔 바닷물이 물러날 때도 있지만, 이것은 배가 이겨서가 아니라 그냥 썰물 때가 되어 잠깐 뒤로 물러난 것이다. 주식 투자는 시장이 어떻게 나오는가에 따라 대응하는 것이다. 그 대응을 자유자재로 하는 것은 바로 '당신'의 몫이다. 누구도 대신해줄 수 없다. 선수들은 자신이 불리할 때는 절대 앞에 나서지 않는다. 싸워서 이길 자리에서 자신이 유리한 시간대에 싸운다. 그리고 항상 승리한다. 그들은 예측하지 않고 단지 대응만 할 뿐이다.

로스컷 해서 손해를 봤나?

"주식을 하다 보면 손해를 볼 때도 있어. 그러니 내가 무슨 실수를 했는지 알아보고 고쳐보자" 하고 자신에게 물어보자. 또한 로스컷은 매매 기술을 발전시킬 큰 기회라는 것을 잊으면 안 된다. 주식을 배우기 위해 로스컷 하라는 것이 아니라 로스컷을 통해 더 큰 손실을 예방하고 한 단계 높은 수준으로 올라서라는 뜻이다.

심리학에 '스몰 스텝(Small step)' 원리가 있다. 이것은 처음부터 달성하기 어려운 목표를 세우는 것이 아니라 목표를 세분화해서 작은 목적을 달성해가는 성공 체험을 쌓아서 최종 목표에 다가서는 방법을 말한다. 로스컷이 첫 번째 스텝이다. 실수는 누구나 할 수 있다. 문제는 그 실수를 인정하고 결과에 대한 무거운 책임을 지며 결점을 고칠 수 있는지다.

포트폴리오와 사랑에 빠지지 마라

많은 개미가 자신의 포트폴리오에 애정을 쏟는다. 상승이 부진한 종목에는 측은지심을 가진다. 그래서 여태 잘 올라가는 종목을 팔아서 하락하는 종목을 더 산다. 그런데 매수를 더 한 종목은 더 내려가 버린다. 거듭된 하락으로 주가는 바닥을 치며 땅을 파고 지하로 내려간다. 지하 1층, 2층, 3층 … 그리고 깡통까지.

손절매만 했더라면 그 한 종목 20%만 손해를 보고 말 것이었다. 하지만 상승하던 다른 종목을 팔면서까지 하락하던 종목을 더 매수했기 때문에 시간이 지날수록 손실은 점점 더 커지고, 결국은 전체 계좌가 깡통을 차게 된 것이다. 로스컷 해서 얼마간의 돈을 잃은 것은 실패가 아니다. 가장 큰 실패는 푼돈에 대한 미련과 욕심 때문에 로스컷을 못해서 투자의 원칙을 깬 것이다.

로스컷을 해서 한 종목에서 -20% 손실을 입었다면 전체 계좌에서 보면 -5~6% 손실밖에 안 된다. 전체 5~6% 손실을 보고 말 것을 50~70% 이상 손실을 만들어 투자 자본금을 반 토막으로 만들어버리는 것이다.

가끔이지만 로스컷 하고 반등해 계속 올라가는 종목도 있다. 일반 개미는 그것을 보고 격노한다. 그리고 '다시는 손절매하지 않아야지' 맹세한다. 하지만 잘못 만들어진 원칙이 얼마 지나지 않아 계좌 잔액을 0원으로 만들어버린다.

하지만 선수는 시장을 전체적이고, 냉정하게 본다. 로스컷의 원칙은 한 번만 지키지 않아도 여태 번 돈을 다 날릴 수 있다는 것을 누구보다도 더 잘 안다. 그러니 로스컷 후 급등하는 종목은 어차피 자신과 인연이 없는 종목이라 생각해버린다.

여담이지만 주식을 하다 보면 이상하게 들어가기만 하면 돈을 잃는 종목이 있다. 반대로 들어가기만 하면 돈 버는 종목도 있다. 그리고 또 어떤 종목은 들어가기만 하면 로스컷 하고 나오는 경우도 자주 있다.

주식 중독

로스컷에 관해 묻는 고객들이 많았다. 고객이었던 정형외과 원장은 정말 궁금한 게 많은 사람이었다. 로스컷만 잘해도 선수가 될 수 있는데, 그 고객이 딱 그랬다.

"장 선생님, 궁금한 게 있는데요. 스윙 트레이드는 보통 20%에 로스컷 하라고 말씀하셨는데, 그러면 지켜보고 있다가 손실이 −20% 나면 바로 매도해야 하나요?"

"원장님 같이 바쁜 분은 스윙 트레이드가 맞지 않습니다. 스윙은 전문 선수들이나 하는 것입니다. 꼭 스윙 트레이드를 해야겠다면 매수는 가르쳐 드린 매매법으로 종목을 골라서 알아서 하시고, 매도는 요일을 정해서 하시면 됩니다. 어찌해서 가격이 순식간에 로스컷까지 내려갈 때가 있습니다. 허구한 날 주가만 지켜보고 있다가 로스컷 선에 닿자마자 매도해버리면 매수한 종목 대부분을 로스컷만 하다가 볼 장 다 보겠지요. 그러니 매도를 할 수 있는 요일을 정해두세요. 예를 들어 '수요일'에만 매도하겠다고요. 매주 수요일 장이 끝날 때쯤 포트폴리오를 한번 쭉 훑어보세요. 보유 종목들 중 −20%가 난 종목이 있으면 그때 매도하면 됩니다. 전문 선수가 아니면 차트를 너무 자주 봐도 돈을 잃습니다."

인터넷 방송으로 고객들을 관리하고 기본적 분석, 기술적 분석을 몇 년간 강의했다. 그러면서 데이 트레이딩, 스캘핑, 스윙 트레이딩 위주의 기법 강의를 했는데, 그 병원장은 참석률이 아주 높은 사람 중 한 명이었다. 한 번씩 강의를 듣는 고객들과 여의도에서 모임을 가졌는데, 그때 그분의 직업을 알게 되었다. 그 원장에게 더는 스윙 트레이드를 하지 말라고 한 것은 이런 질문을 받기 얼마 전 일이었다.

분명히 오전 내내 수술이 있어 매매할 수 없다고 한 사람이 11시쯤 전화가 왔다. 무슨 종목을 팔아 달라고 했다.

"지금 수술 중 아니에요?"
"수술하고 있는데 계속 종목이 눈에 밟혀서요, 잠깐 쉴 때 전화 드리는 겁니다."

이 이야기를 듣고 정말 기겁을 했다. 내가 괜한 짓을 했구나 싶었다. 주식을 배워보면 아주 재미있다. 그래서 '주식 중독'이라는 말까지 생긴 것이다. 사실 주식 투자는 일종의 컴퓨터 게임과 매우 흡사하다. 주식 시장은 제로섬이기 때문에 누군가 돈을 따면 누군가는 반드시 그만큼의 돈을 잃는다. 뉴스를 보면 주식 시장이 폭락해서 몇 조가 사라졌다는 말이 나올 때가 있는데 잘못된 말이다. 있는 돈이 어떻게 사라질 수 있겠는가? 사라진 돈은 하락에 베팅한 누군가의 주머니로 들어갔다. 돈을 증권계좌에 넣으면 주식 게임머니로 환전을 하는 것과 같고, 주식으로 된 전략·전술 게임을 하는 것이다.

주식은 승부가 어떻게 날지 예측할 수가 없다. 우리는 효율적인 기계가 아니고, 사실을 다르게 기억하며, 일시적 기분에 휩쓸리기도 하고, 틀리는 게 일상인 감정적인 인간이다. 그래서 이 주식 게임은 더 재미있다. 어릴 때 오락실에서 쉬운 게임을 해본 적이 있는가? 룰이 간단하고 쉬운 게임일수록 금방 싫증이 나버리고, 재미가 없다. 하지만 배우기 어렵고, 룰이 복잡할수록 게임에 정신없이 달려든다. 주식도 이런 게임들과 똑같다. 처음에 하면 언뜻 쉬워 보이지만, 배우기 시작하면 웬만한 석사학위 받을 만큼 공부할 게 많다. 공부란 벽돌집을 짓는 것과 같다. 지푸라기로 만든 허술한 집은 바람만 불어도 날아가버리지만, 벽돌을 쌓아 집을 올리면 쉽게 무너지지 않는다. 이렇게 공부하고 실전에 기술을 써보며 결과를 기다리는 재미는 느껴본 자만이 이해할 수 있을 것이다.

당구하고도 비슷하다. 당구공이 큐대를 떠나면 이제 사람이 할 일은 다 끝났다. 공이 알아서 간다. 주식도 비슷하다. 제대로 베팅을 했지만, 중간에 어떻게 될지는 세상 누구도 알 수 없다. 그 알 수 없는 시장을 살펴보는 여러 분석 법이 있다. 그중 하나가 기본적 분석이다. 기본적 분석은 기업의 건강진단서를 떼어 보는 것과 같다. 물론 기업이 건강하다고 주가가 높이 오르는 것은 아니다. 기본적 분석만 보고 투자를 결정하는 것은 마라톤 선수를 뽑는 데 신체검사만 하고 선발한 것과 같다. 건강하지만 잘 뛰지 못하는 사람도 있고, 별로 건강해 보이지 않는데 의외로 정말 잘 뛰는 사람도 있다. 유명한 마라톤 선수들을 한번 보라. 정말 잘 뛰게 생겼는가? 솔직히 잘 걷지도 못할 것처럼 생겼지만 우승하는 사람도 많이 봤다. 주식 투자도 이와 비슷하다.

내가 가진 돈을 누가 잘 뛸지에 거는 것이다

어떤가? 재미있지 않은가? 그래서 주식 중독이란 말까지 있는 것이다. 술 중독, 담배 중독, 도박 중독, 마약 중독, 게임 중독처럼 주식도 하다가 미치면 '주식 중독'이라고 한다. 주식에 한번 발을 잘못 디디면 돈이 다 털릴 때까지 발을 뺄 수가 없다. 앞에서 말한 정형외과 원장은 돈 때문에 주식을 하는 게 아니라 게임처럼 재미있어서 중독된 것이다.

주식 투자는 먼저 전략과 전술을 짜고 포트폴리오를 구성하고 때를 기다려 매수와 매도를 한다. 내가 유리한 전장을 선택해 이겨놓고 싸운다. 그리고 선수들은 모든 물량을 최고가에 개미들에게 다 던지고 유유히 장을 빠져나온다. 나의 경우에도 3년 최고점에서 모든 보유 물량을 다 던지고 나온 적이 있었다. 그 스릴과 희열은 마치 동네 냇가에서 1미터짜리 물고기를 낚시로 잡는 기분이었다. 그 원장은 이런 재미를 안 것이다. 그러니 수술 중간에 틈을 내서 급하게 매도 주문을 내러 나에게 전화한 것이다. 분명히 중독이었다. 내가 정말 쓸데없는 것을 이 사람에게 가르쳤다는 생각이 들어 후회했다. 그리고 그날 이후부터는 스윙보다는 장기 투자 기법에 대한 강의를 주로 했다.

일반인들은 전문 선수가 될 필요가 없다. 그냥 똑똑한 '스마트 개미'가 되면 된다. 그래서 일주일에 한 번만 매도를 시킨 것이다. 그것도 장이 잠잠할 2시쯤에 말이다. 월요일이나 금요일 빼고 언제라도 좋다. 화, 수, 목요일, 이 3일 중에 하루를 선택해 그날만 로스컷 하면 된다. 월요일이나 금요일을 빼는 이유는 월, 금은 투자자들이 흥분하기 딱 좋은 날이기 때문이다.

로스컷 데이와 수익을 보고 매도하는 날은 다르다. 시장이 과열되어 신문에 증권 전문가, 부동산 전문가들이 나와서 핏대를 올리며 장밋빛 미래에 대한 이야기를 주말에 하고 나면 월요일 아침 댓바람부터 동네 아저씨, 아줌마들이 객장으로 뛰어가서 대충 '아무거나'를 외치며 시장가 매수 주문을 넣는다. 시초가가 엄청나게 높게 형성이 되는 경우가 종종 있다. 시장이 흥분했을 때 같이 흥분하면 망한다. 이럴 때 평정심을 가지고 있는 물량을 그 아저씨, 아줌마에게 상투에서 다 털어버리면 된다. 수익을 보고 매도할 때는 월요일에 매도하고, 손절매는 '화, 수, 목' 중에 하루를 선택해서 하자.

물타기는
죽음의 늪

절대 해서는 안 되는 방법이 바로 하락 물타기다. 보통 개미들이 말하는 물타기는 대부분 하락 물타기를 말한다.

예를 들어 1만 원에 매수한 종목이 하락해서 8,000원이 되면 또 매수하고, 6,000원이 되면 또 매수하는 것을 '물타기'라고 한다. 왜 이런 바보짓을 할까? 그 이유는 떨어질 때마다 매수하면 평균매수단가가 내려가서 주식 숫자가 많아지는 것처럼 보이기 때문이다.

주식 보유 숫자에 몰입한 나머지 계좌 총액을 보지 못하는 것이다. 계좌의 총금액은 내려가는데 주식 보유 수가 높아진다고 '좋아라' 한다. 이것은 마치 비만한 사람이 햄버거와 콜라를 마음껏 먹으며 기분이 좋아져서 건강해지고 살도 빠질 것이라고 스스로 격려하는 것과 비슷한 행동이다. 한마디로 바보짓이다. 보통 개미 중에 초짜 개미들이 하는 방법인데, 곧 있는 돈을 다 털리고 시장에서 퇴출당할 사람이다. 이들은 항상 내려가는 쪽에 베팅한다. 주가는 올라야 돈을 버는데 말이다. 그래서 초보 개미는 매수한 종목이 내려가면 상승한 종목을 팔아 하락하는 종목을 더 매수한다. 하락하는 종목은 관성이 있어 계속 하락한다. 결국 그 종목은 바닥을 찍고, 지하로 파고든다. 그리고 계좌는 깡통이 된다. 이게 하락 물타기의 끝이다. 투자의 손실은 초반에 정리해야 한다.

돈이 모이는 상승 물타기

상승 물타기는 이와는 반대되는 개념이다. 저가에 우량주를 10종목 잡았다고 치자. 아무리 우량주라도 시장에서 관심을 받지 못한 종목은 호황에 쿨쿨 잠만 잔다. 이런 종목은 정말 상승장이 끝나는 마지막 순간까지 잠만 잔다. 그런 잠자는 우량주를 매도하고 그 매도한 돈으로 현재 상승 중인 종목을 더 추가하는 매수 방법을 '상승 물타기'라고 한다.

초보 개미는 하락 물타기를 해서 있는 돈을 다 날려버리지만, 선수들은 상승 물타기를 해 초보들이 시장에 놓고 간 돈을 다 쓸어 담는다.

하락 물타기와 같은 망하는 방법을 반대로 하면 당연히 돈을 벌지 않겠는가? 이때도 분명히 알아둬야 할 것은 HTS만 보고 있으면 돈도 잃고 주식 폐인이 된다. 허구한 날 주식만 보면 감이 사라진다. 장기 투자자는 주식을 2주일에 한 번씩만 봐도 충분하다. 아니면 한 달에 한 번씩 증권사 추천 주를 확인하면서 그때만 봐도 된다. 물론 경제와 증권 공부는 계속하면서 말이다.

믿을 건 자신이 아니라 원칙이다

올바른 투자 원칙을 가지고 있는 사람은 반드시 성과를 얻는다. 반면 잘못된 원칙에 사로잡힌 사람은 어느새 수렁에 빠지고 만다. 그러므로 증거를 바탕으로 원칙을 만들고 그 투자 원칙대로만 하면 손해를 볼 일이 없고, 스트레스 또한 받지 않을 수 있다. 그리고 원칙은 객관적인 데이터에 착안해 알맞게 세워졌는지 수시로 확인하고, 맞지 않으면 조금씩 수정하면 된다.

투자의 60%는 기다림이다. 남들이 최악이라고 할 때 매수한다. 바닥인 줄 알고 매수했는데 주가가 또 내려가서 로스컷 구간에 걸리면 미련 없이 털고 나온다. 그리고 또 기다린다. 원칙 매매가 시장에서 돈을 벌 수 있는 유일한 방법이란 것을 명심하자. 원칙대로 로스컷을 정확하게 했나? 그렇다면 자신에게 보상하는 것도 좋다. 보상은 무의식에 남아서 보상이 없어져도 로스컷에 대한 관심을 계속 기울일 수 있게 만든다. 그러니 로스컷을 멋지게 한 날은 자신에게 작은 선물을 해보자. 그리고 로스컷을 두려워하지 않게 되면 나중에 더 나은 결과를 낳는다는 것을 마음에 담도록 하자. 주식 투자에 완벽한 사람은 없다. 현명한 투자자가 되려고 노력하는 것이 중요하다. 로스컷이라는 씨앗을 심으면 실력에 꽃이 피고, 수익이라는 열매를 맺는다.

매수 후 - 20% 손실을 봤는가? 무조건 로스컷 해라. 어떤 핑계도 대지 말고 반드시 로스컷을 해야 한다!

복숭아나무 대신 자두나무를 희생하다

'이대도강(李代桃僵)'이라는 말이 있다. 복숭아나무 대신 자두나무를 희생한다는 뜻이다. 즉 작은 것을 희생해서 결정적인 승리를 유도한다는 뜻이다. 주식 시장은 일종의 전쟁터다. 그런 곳에서 100% 승리한다는 것은 불가능하다. 일정한 대가나 희생을 치러야 할 때가 분명히 생긴다. 이런 상황에서 로스컷을 하면 손실은 보겠지만, 자본금을 보호하고 다시 회복할 수 있다.

Part

3

홀딩
(기다림)

칸나이 전투에서 배우는
'기다림'

기원전 218년, 세계 최강대국이었던 로마가 침략을 당했다. 로마는 위쪽으로는 험한 알프스산맥이 가로막고 있고, 삼면이 바다로 둘러싸여 있기에 당연히 적군이 바다로 침략할 것이라고 예상했다. 하지만 카르타고의 군대는 전혀 예상하지 못한 알프스산맥을 넘어 로마로 쳐들어왔다. 그 군을 이끈 것은 카르타고의 명장 한니발(Hannibal)이다. 한니발은 싸우면 반드시 이기는 용병술의 천재였다. 그러한 그가 수만 명의 병사와 전투 코끼리를 앞세우고 알프스산맥을 넘어 로마로 들어온 것이다. 이것이 제2차 포에니 전쟁(기원전 218년~기원전 202년)의 서막이었다.

로마군은 온 힘을 다해 한니발의 군대를 막았지만 계속해서 패배만 했다. 지중해 세계의 무적이라 불리던 로마군이 수적으로 훨씬 유리했음에도 한니발의 군대에는 속절없이 무너져 갔다. 로마의 그 어떤 장군도 전략·전술에 있어서 한니발과 상대가 되지 않았다.

그때 로마의 명장 파비우스 막시무스(Fabius Maximus)가 나타났다. 그는 전쟁 천재 한니발과 정면으로 싸워서는 도저히 이길 승산이 없다는 것을 잘 알고 있었고, 한니발의 유일한 약점 또한 알고 있었다. 그 약점은 바로 '보급'이었다. 한니발은 전쟁에 필요한 보급품은 대부분 전투에서 패배한 로마군에게서 얻었다.

파비우스는 이렇게 생각했다.

'전투에서는 한니발을 이길 수가 없으니 소극적 전법인 '지구전'을 펼쳐 한니발 군의 보급을 끊어버리자.'

그렇게 판단한 파비우스는 실제로 한니발과 적극적으로 전투를 하지 않았다. 한니발 군대가 진격하면 도망가고, 후퇴하면 뒤를 쫓았다. 한니발은 로마와의 전투가 없으니 빼앗을 식량도, 칼도, 옷도 없어졌다. 군대에 다녀온 사람은 잘 알 것이다. '총 없이는 전쟁할 수 있지만, 밥 없이는 전쟁할 수 없다'는 것을 말이다.

파비우스는 계속해서 한니발과 정면승부는 피하면서 보급만 끊었다. 한니발은 자신의 약점을 단번에 간파한 파비우스에 긴장할 수밖에 없었다. 여태 한니발은 로마군과 싸워서 빼앗으면 되니까 보급 걱정을 할 필요가 없었다. 하지만 싸우려 들지 않는 파비우스의 등장으로 인해 조금만 더 시간이 지나면 굶주린 카르타고군은 분열하고, 전멸할 것이었다.

다행히 파비우스 막시무스는 현명했지만, 불행히 로마의 원로원은 그렇지 못했다. 로마의 귀족들은 비겁하게 도망만 다니는 파비우스가 못마땅해 보였다. 그들은 감히 로마를 침략한 한니발을 칼로 응징하길 바랐기에 파비우스에게 빨리 나가서 싸우라고 독촉했다. 하지만 파비우스는 그 명을 따를 수가 없었다. 파비우스는 원로원의 귀족들을 설득해야 했다.

"지금 한니발에게 쓰고 있는 '지구전'이 비겁한 전술 같지만, 이대로 적군의 보급을 끊어 고립시킬 수만 있다면 분명히 승리할 수 있을 것입니다."

하지만 늙은 원로원 의원들에게는 체면이 중요했다. 파비우스에게 "당장 나가서 싸워서 승리하라"고 재차 명령했다. 그러나 또다시 그 명을 파비우스가 따르지 않자 새로운 사령관으로 젊고 호전적인 '적극전파' 테렌티우스(Terentius)로 교체해버렸다. 로마 원로원의 결정을 가장 반긴 것은 다름이 아니라 한니발이었다. 한니발은 이 호전적인 테렌티우스에게 일부러 몇 번 작은 전투에서 져 줬다. 작은 승리로 크게 자신감을 얻은 로마군의 새로운 지휘관 테렌티우스는 한니발과 정면으로 붙기로 결심했다. 그리고 드디어 카르타고의 한니발과 로마의 테렌티우스는 '칸나이'라고 불리는 평원에서 맞붙었다.

이 칸나이 전투는 전쟁사에서 아주 의미가 크다. 병력의 열세인 카르타고의 한니발 군대(5만 명)가 로마 군대(8만 명)를 상대로 대승을 거둔 것이다. 이 전투에서 로마는 4만 5,000명의 보병과 2,700기의 기병을 잃었고, 3,000명의 보병과 1,500기의 기병이 카르타고의 포로가 되었다. 이에 비해 한니발 군대의 피해는 8,000명 정도에 그쳤다. 이는 로마사에서 역사상 가장 큰 패배였으며, 이후 로마는 한니발과의 전면전은 피하고 소극적 전투로 다시 돌아섰다.

만약 파비우스 막시무스가 원로원을 설득했더라면 아주 쉽게 끝낼 수 있는 전쟁이었다. 하지만 외부의 적보다 때로는 기다리지 못하는 내부의 적이 더 무섭다는 것을 여실히 보여주는 사건이다. 이것이 그 유명한 '칸나이 전투'의 스토리다.

증권계좌에 돈이 있으면 투자를 하고 싶어 손이 근질근질하는 사람이 있다. 그런 사람들에게 들려주고 싶은 이야기다. 투자해서 수익을 보기 어려운 시장, 애매한 시장, 확실히 이길 수 있는 시장이 있다. 주식 선수들은 로마의 명장 파비우스처럼 때를 기다리며 자신이 불리할 때는 절대 싸우지 않는다. 어차피 싸워봐야 손해를 보는 것은 자신이란 것을 뻔히 잘 알기 때문이다. 하지만 자신의 실력을 과대평가하는 개미는 마치 로마의 테렌티우스처럼 분기탱천해 전투에 나가서 자신의 계좌를 전멸시키고 만다.

전쟁은 보급이고 주식은 수급이다. 주식에서 수급은 수요와 공급을 아울러 이르는 말이다. 수요가 넘쳐날 때 고가에 팔고, 공급이 넘쳐날 때 저가에 주식을 매수하는 것이다. 투자 선수들은 자신이 투자하기 가장 유리한 환경이 조성될 때까지 인내심을 가지고 끝까지 기다린다. 그리고 확실히 이길 수 있는 시장이 왔다고 판단될 때에만 시장에 뛰어든다. 주식 투자는 참을성 있는 사람들이 참을성 없는 사람들의 돈을 끌어모으는 곳이다.

초등학생도 하버드 출신과
싸워서 이길 수 있는 곳이
주식 시장이다

주식 시장은 유리한 시간과 장소만 먼저 차지하면 초등학생이 하버드 출신 100명과 싸워도 이길 수 있다.

"어떻게 그런 천재들을 이길 수 있냐고?"
"그냥 주식이 싸질 때까지 기다리면 된다."
"언제 주식이 싸지냐고?"

인간이 사는 세상에는 언제나, 항상, 반드시 무슨 일이든 생기기 마련이다. 그냥 아무 일 없이 평탄히 세월만 흐르는 게 훨씬 더 비인간적이다. 인류 역사상 아무 일도 없이 세월만 흐른 적은 단 한 번도 없다. 다시 말하지만, 분명히 무슨 악재든 정기적으로 생기게 마련이다. 바로 그 무슨 일이 생길 때까지 기다리기만 하면 된다.

"그게 언제냐고?"

그것은 나도 모른다. 그냥 기다리면 분명히 때가 온다는 것만 안다. 그런데 중요한 것은 그때가 오기 전까지 투자금, 즉 목돈이 있어야 한다. 목돈은 당신이 지금 하는 본업을 열심히 해서 모으면 된다. 본업을 열심히 해서 한 푼 두 푼 아껴서 모아둬야지, 금융상품을 들어서 조금이라도 더 벌 생각은 할 필요도 없다. 푼돈에 욕심부리다 결국 큰돈 들어올 때를 놓치고 만다. 그냥 마음 편하게 본업에서 들어오는 월급을 착실히 현금으로 모아두는 게 가장 현명한 행동이다. 그리고 아까 말한 때를 기다리면 된다. 그때는 생각보다 멀리 있지 않다.

본업 이야기가 나와서 한마디 더 하겠다. 증권사 직원도 아니면서 허구한 날 컴퓨터에 HTS를 켜놓거나 스마트폰으로 주식 시세를 확인하고 매매하는 직장인들이 있다. 자주 시세를 확인한다고 당신이 산 종목이 올라가지는 않는다. 본업에 충실하지 않으면서 주식만 보는데 투자가 잘될 리가 없다. 그러니 매매할 때 말고는 주식은 다 잊고 본업에 충실하도록 하자.

주식 투자는
때를 사는 것이다

아무리 우량주라도 고가에 사서 저가에 팔면 손해를 본다. 반면 휴지조각만도 못한 부실 주식이라도 저가에 사서 고가에 팔면 수익을 본다. 그게 바로 주식의 속성이다. 무슨 주식을 사는 게 중요한 것이 아니라, 그 주식을 언제 사느냐가 100배 더 중요하다. 그래서 매수할 주식을 기본적·기술적으로 분석하는 것보다 전체 시장 상황이나 경기의 흐름을 보는 법을 먼저 배워야 한다.

주식 투자의 제1원칙은 싸게 사서 비싸게 파는 것이다.

그러려면 언제 주식이 쌀 때인지를 먼저 알아야 한다. 언제 주식은 가장 쌀까? 당연히 불경기에 제일 싸다. 불경기가 오면 누군가는 손실을 견디지 못해 투매하게 된다. 이런 사람이 여럿이면 투매가 쌓여 도미노 현상이 일어나 개미는 물론이고, 기관 투자자, 외국인 투자자들까지 대거 물량을 던지기 시작한다. 그때는 우량주를 그저 헐값에 주워 담을 수도 있다. 불황의 끝은 공포다. 전문 선수들은 개미와 외국인과 기관의 공포와 두려움을 사서 수익으로 바꾼다. 주식 투자의 주요 무기는 '역발상'이다. 절대 잊으면 안 된다. 남들이 최악이라고 생각할 때, 하락의 공포와 두려움으로 투매가 일어날 때가 바로 최고의 매수 시기다. 그때는 수많은 사람이 시장에 미래가 없다고 예측한다. 그리고 그렇게 말하는 사람들이 많을 때가 최고의 투자 시기다.

세계적인 미래학자들의 예언도 침팬지의 예언과 확률상으로 보면 별 차이가 없다. 세계 최고 경제학자들의 예측 또한 마찬가지다. 어차피 인간은 미래를 예측할 수 없기에 그렇다. 시장의 분위기에 따라 경제 전문가들의 예측은 매번 달라진다. 경기가 조금 좋으면 앞으로도 계속 좋을 것이라고 하고, 경기가 안 좋으면 앞으로도 별로 기대할 수 없다고 한다. 이게 그들이 말하는 내용을 요약한 것이다. 시장이 암울할 때는 너도나도 어두운 미래를 이야기했다가 구름 사이에 빛이라도 비추면 또 장밋빛 희망을 쏟아낸다. 하지만 이들의 바람과 달리 주가는 올라가든, 내려가든 확률은 5:5다. 그러니 전문가의 의견에 휘둘릴 필요가 없다.

모든 사람이 "국가 경제가 정말 끝장이 났다"라고 말할 때 여태 모아둔 투자금을 주식에 모두 다 때려 넣으면 된다. 그것도 우량주에 말이다. 왜냐하면, 시장이 정말 끝장날 때 내성 덕분에 그래도 마지막까지 버티는 게 우량주이기 때문이다. 시장이 살아날 때도 제일 먼저 기지개를 켜는 것 또한 우량주다. 원석을 갈고 닦아야지, 돌멩이를 갈고 닦으면 안 된다. 우량주는 원석이다. 시절이 안 좋아 먼지가 많이 묻었을 뿐 잘 연마하면 다시 멋진 보석으로 재탄생한다. 하지만 돌멩이 같은 잡주는 아무리 때를 벗겨도 돌멩이일 뿐이다. 이런 경우 최악의 경제 상황에서 주식을 매수했기에 주가가 바로 급상승하지는 않는다. 일단 매수했으면 이제 컴퓨터를 끄고 기다리면 된다. 호황기에 비싸서 못 샀던 우량주를 매수했으니 그냥 무작정 기다려보자. 누구의 말에도 현혹되지 마라.

어차피 경제 전문가라고 칭하는 사람들도 사실은 아무것도 모른다. 책만 읽고 실전 경험이 뒷받침되지 않은 전문가의 의견은 허황되거나 추상적인 고담준론이 많고, 다른 누군가의 말을 똑같이 따라 하는 경우도 많다. 그들은 시장의 상황과 분위기에 따라 임기응변식으로 말하는 것이다. 그러니 그들의 말을 듣고 불안해할 것 없다. 미디어에서 부정적인 전망이 계속해서 나오면 왠지 마음이 흔들릴 수도 있다. '불안한데 그냥 매도하고 때려치울까?' 하는 생각이 들 수도 있다. 그럴 때는 그냥 컴퓨터와 텔레비전을 끄고 주식을 잊어버려야 주식으로 돈 벌 수 있다.

그러면 언제까지 기다려야 할까?

언제 주식을 팔아야 할지의 기준은 동네 아줌마와 아저씨가 돈 들고 주식을 사러 객장으로 뛰어갈 때가 바로 보유 주식을 싹 다 팔아치울 때다.

매도할 때가 되면 여기저기에서 전화가 많이 온다. "무슨 좋은 종목이 없냐?"고 물어보는 사람이 많으면 그때가 바로 '상투'고, '천장'이라고 생각해도 무방하다. 매도할 때가 오면 경제 전문가들이 방송이나 인터넷에 밝고 화려한 장밋빛 전망을 마구잡이로 쏟아낸다. 전문가들이 바보라서 그렇게 말하는 게 아니다. 당신이 만약 경제 전문가라고 가정해보자. 지금 한창 경기가 좋아지고 있다. 그런데 뜬금없이 방송에 나가 "지금은 주식을 팔 때입니다"라고 말할 자신이 있는가? 그러니 전문가의 말을 곧이곧대로 듣지 말고, 그들의 말을 잘 듣고 상황에 맞게 분석해보자. 전문가들은 경기가 좋다고 했지, 주식을 사라고 한 것은 아니다.

다시 말하지만, 경제 전문가들도 당신과 마찬가지로 앞으로 경제가 어떻게 될지 모른다. 노벨 경제학상을 받은 사람들과 유치원 아이들 중 누가 경기 예측을 더 정확히 할까? 내기를 한다면 나는 유치원 애들에게 베팅을 하겠다. 아마 내가 이길 것이다. 주식은 아무런 편견 없이 그냥 대충 찍는 사람이 전문가보다 더 훨씬 정확할 때가 많다. 그리고 경제 전문가들 중에서는 예측의 이유를 보통 사람들이 알기 불가능한 이상한 영어 약자의 조합을 나열하면서 증거를 들이대는 사람도 있다. 재미있는 사실은 이들도 그 약자의 정확한 의미를 모르고, 설사 안다고 하더라도 그게 정말 경기 예측의 근거가 될 수 있는지 모른다.

그렇다면 왜 전문가들은 그 어려운 경제 용어를 써가며 설명을 하는 것일까? 그것은 그들이 하는 말을 일반 사람들이 알아듣지 못하게 함으로써 나중에 자신의 주장이 틀렸을 때 오는 후환을 방지하고자 함이다. 꼭 실전에서 맨날 깨지는 사람들이 어려운 말로 자신의 실력 없음을 숨긴다. 고수는 아주 단순하다. 고수는 여러 가지 지표를 띄워두고 어려운 알파벳 약자로 된 용어로 사람들의 머리를 어지럽히지 않는다. 그리고 경기를 절대 예측하지 않는다. 주식 투자는 예측이 아니라 단지 때를 기다리고 대응하는 것이다.

낚시와 주식의
공통점

낚시를 좋아하지도, 낚시를 하러 가지도 않지만, 가끔 낚시 프로그램을 본다. 자꾸 보다 보니 낚시와 주식 투자가 비슷한 점이 많았다.

그건 바로 '기다림'이다.

낚시는 기다림과의 싸움이다. 언제 물고기가 걸릴지 아무도 알 수 없다. 불확실성 속에서 기다림이 낚시의 매력 아닐까 생각해본다. 주식 투자도 마찬가지다. 마냥 때가 올 때까지 기다려야 한다. 고객들에게 "전 종목 매도 후 이익 실현하시고 이제부터는 기다리세요"라고 하면 대부분의 고객은 "언제까지요?"라고 물어본다.

'난들 어찌 알겠는가?'

낚싯배 선장이 낚시꾼들에게 "1시간만 있으면 분명히 5자짜리 참돔이 잡힐 겁니다"라고 말할 수 있겠는가? 주식도 똑같다. 이익 실현 후 언제 다시 매수 시기가 올지 알 수 없다. 빨리 오면 몇 달이고, 늦게 오면 몇 년 후에 올 수도 있다. 하지만 아주 확실한 것은 하나 있다. 때를 기다리지 않고 '항상 주식 시장에 발을 담그고 있으면 망한다'는 사실이다. 종합지수 하락일 때는 발을 빼고 있고, 상승으로 방향이 틀 때 발을 담그고 있어야 한다.

기다리는 시간은 길고 수익은 생각보다 빨리 온다

낚시에서 물에 뜬 찌를 쳐다보는 시간이 길까? 아니면 미끼를 문 물고기를 끌어 올리는 시간이 더 길까? 당연히 찌를 쳐다보는 시간이 훨씬 더 길고 지루할 것이다. 찌를 쳐다보는 것은 '기다림'이다. 낚시꾼이 할 일은 물고기가 많은 물에 물고기가 좋아하는 미끼를 끼우고 물때에 맞춰 낚싯대를 드리우는 일까지다. 그다음은 기다림이다. 물고기가 안 물어도 어쩔 수 없다. 당신이 할 수 있는 일은 여기까지다.

주식도 마찬가지로 저가 매수 후 기다리고, 또 기다려야 한다. 주가가 오를지 내릴지는 아무도 알 수가 없다. 저가에 잡았지만 한두 번 더 하락할 때도 있다. 어쩔 수 없이 원칙대로 로스컷 할 수밖에 없다.

나는 개인적으로 로스컷 했던 종목을 다시는 매수하지 않는다. 이상하게 한번 꼬인 주식은 매번 꼬였다. 순전히 내 개인적인 원칙일 뿐이다. 로스컷 후 다시 저점매수에 들어가서 대박을 터트리는 선수들도 많지만, 난 재매수해서 또 로스컷 한 경험이 더 많다. 그래서 웬만한 호재가 없으면 다시 사지 않는다. 한번 덤벼들었다가 보기 좋게 깨진 시장에서 같은 종목으로 다시 덤비면 또 깨지는 게 보통이다. 마치 교통신호처럼 한번 빨간불이 걸리면 계속 빨간불이 걸리는 것과 비슷하다. 몇 년 후에 다시 매수 기회가 와서 매수한 적은 많다.

종합지수 하락 시
내성에 강한 종목 발굴법

"종합지수 하락 시 내성에 강한 종목을 발굴하는 방법이 있나요?"

이런 질문을 참으로 많이도 받았다. 도대체 이해할 수 없는 질문이다. 시장이 꺾여 종합지수가 지속해서 하락하면 아무리 내성이 강한 종목이라고 하더라도 내려갈 수밖에 없다.

주식의 내성은 좋은 기업의 가치와 투자자의 관심으로 만들어진다. 하지만 내성이 강하다고 하더라도 종합지수의 하락이라는 소나기를 피할 수는 없다. 태풍이 불면 아무리 좋은 우산을 써도 우산은 날아가고 온몸에 비를 맞을 수밖에 없다.

생각해보자. 밖에 비가 억수같이 오고 있다. 이 비를 안 맞기 위해서는 어떻게 해야 할까? 그것은 당연히 밖으로 안 나가는 것이다. 이 얼마나 간단하고 명확한 방법인가.

크고, 튼튼한 우산을 쓰고 요리조리 비를 잘 피해 다녀도 그것은 비가 조금 올 때나 통하는 이야기다. 억수 같은 비나 태풍은 우산으로 피할 수가 없다. 그러니 종합지수가 완전히 꺾였다면 내성이 강한 종목을 찾아 투자해봐야 손해를 볼 수밖에 없다.

만약 주가가 아무리 폭락하더라도 스스로 올라가는 종목에 투자해 돈을 벌 수 있다고 생각한다면, 증권사에서 직원에게 상담을 받을 게 아니라 심리상담소나 정신건강의학과에 가서 상담받아 볼 것을 권한다.

밖에 바람이 불고 비가 오고 난리가 났는데, 손바닥만 한 우산을 쓰고 비 한 방울 안 맞고 길을 걸을 수 있다는 말이나 진배없다. 이때 가장 확실한 방법은 시장이 안 좋을 때는 현금화하고 주식을 하지 않는 게 상책이다. 사실 이 방법 말고는 없다.

떨어지는 칼날을 잡지 말아라
vs.
공포에 사라

둘 다 유명한 증시 격언이다.

'떨어지는 칼날을 잡지 말아라'는 것은 주가가 하락할 때 매수하지 말라는 뜻이다. 특히 이것은 각 주식의 종목에 대한 이야기가 아니라 종합지수가 급락할 때 매수하지 말라는 의미다. 참으로 맞는 말이다.

한참 떨어지는 추세는 하루 이틀 만에 그 하락을 멈추지 않는다. 하락 추세 중간에 매수한 물량은 결국 먼지처럼 날아가버린다. 하지만 떨어지는 칼날도 언젠가는 멈추기 마련이다. 지수는 그냥 마냥 떨어지는 게 아니라 바닥을 치는 순간 힘이 빠진 칼날이 튕겨 나온다. 그때가 바로 매수 시점이다. 칼날이 바닥을 칠 때 사람들은 가장 공포감에 젖는다. '떨어지는 칼날을 잡지 말아라'와 '공포에 사라'는 말은 상반된 말이 아니다.

현금만 잘 가지고 있으면 공포감에 젖지 않고 평정심을 가지고 투자할 수 있다. 주식을 10년 투자한다고 하면 그중 6년 동안은 주식 한 주도 없이 오로지 현금만을 가지고 기다려야 돈을 벌 수 있다. 즉 투자의 60%는 주식을 사지 않고 기다리는 것이다.

10년 투자한 사람이 10년 동안 한 번도 쉬지 않고 항상 주식을 가지고 있었다면 이미 여러 번 큰 손해를 봤을 것이다. 그리고 한두 번은 아주 계좌가 깡통이 되었을 것이다. '투자의 60~70%는 기다림이다'라는 것을 절대 잊으면 안 된다. 이것은 돈을 주식에 넣지 않고 현금으로 가지고 있어야 한다는 말이다. 그리고 그 현금은 그냥 없는 돈으로 여기고 절대 건드리지 말아야 한다. 일종의 부작위적 투자다.

부작위(不作爲)란 마땅히 해야 할 것으로 기대되고 있는 행위인데도 하지 않는 태도, 즉 작위(作爲)와 상반되는 개념이다. 주식 없이 현금만 가지고 가만히 있는 투자를 말한다. 그러나 개미들은 돈을 주식에 넣어야 투자라고 생각한다. 완전히 잘못된 생각이다. 실제 선수들의 투자법은 돈을 주식에 넣는 순간보다 이익 실현 후 현금으로 가지고 있을 때가 더 많다. 현금을 쥐고 있는 게 진짜 투자다. 주가가 하락하는데 왜 소중한 돈을 하락장에 넣고 조바심 내면서 손해를 보려

하는가?

"장 선생님, 바닥이라고 생각해서 10,000원에 매수했는데 6,000원까지 떨어졌습니다. 매수 시점을 잘 잡았다고 생각했는데 바닥 아래 지하가 있네요. 어떻게 해야 할까요?"

어느 교감 선생님이 한 질문이다. 이상하게 고객 중에 교감 선생님들이 많았다. 나는 이렇게 답했다.

"바닥인 줄 알고 샀는데, 바닥 아래 지하 1층이 있고, 지하 2층, 그리고 그 아래 지하 3층이 있을 수도 있습니다. 그래서 제가 항상 말씀드리지 않았습니까? 매수는 천천히, 매도는 빠르고 결단력 있게 하라고요. 일단 매수하고 손절매 라인이 오면 가차 없이 손절매해야 합니다. 매수는 3번 정도 나누어서 하고, 손절매는 단번에 합니다. 그리고 손절매를 했으면 스윙은 1~2주 정도 쉬고, 장기 투자는 1~2달 정도 쉽니다. 손절매한 주식은 깨끗이 잊어버립니다. 로스컷을 −15~20%로 해뒀으니 그 정도만 잃고 더 이상의 손실은 막을 수 있습니다."

매수 시점이 오면 TV에 미국의 누군지도 모를 백인 경제 전문가의 인터뷰 내용이 줄기차게 나온다. 결과가 없는 이론을 주장하는 정체를 알 수 없는 사람들이다. 이들은 "현재와 같이 불안정하고, 불확실한 때는 주식과 부동산을 매도하고 금 같은 것에 투자하는 게 제일 좋다"고 말한다. 곧 주가가 고점 대비 반 토막 날 수도 있다고 겁을 준다.

　이런 경제 전문가의 말은 완전히 반대로 생각하면 된다. 이런 헛소리를 들은 개미들이 가장 불안해할 때가 주식이 가장 쌀 때고 매수할 때다.

'안절부절형'은 주식에
투자하지 마라

절대 주식을 해서는 안 되는 유형이 있다. 바로 '안절부절'형이다. 다른 말로는 '좌불안석'형이다.

어느 날 객장에 부부가 찾아왔다. 둘이서 함께 제과제빵학원을 운영한다고 했다. 현재 내가 관리하고 있는 고객이 추천해줬다고 했다. 멀리서 내 소문을 듣고 일부러 찾아왔다기에 그리 큰 금액은 아니지만, 관리 계좌로 등록해두고 추천을 했다.

매수 시기가 좋았다. 거의 1년 동안 하락과 조정을 반복해 개인 투자자가 물량을 던지고 나갈 때였다. 그래서 그 부부에게 KH 바텍이라는 종목을 추천하고 동의를 받아 매수를 해뒀다. 그리고 신신당부를 했다.

"지금 시황이 그리 좋지 않으니 조정이 있을 수 있고, 박스권 장세가 될 수도 있으니 매수 후 그냥 주식을 산 것은 잊어버리고 계세요. 그래야 돈을 벌 수 있습니다."

"혹시 하락하면 어떻게 하나요?"

"20% 하락하면 바로 로스컷 하면 되고, 그렇지 않으면 가지고 기다리면 됩니다. 장기적으로 이익을 얻으려면 단기적으로 하락하는 것을 견뎌내야 합니다. 잔파도는 그냥 무시하세요."

문제는 다음 날부터 계속되었다. 그 부부는 서로 돌아가며 내게 하루에 한두 번씩 꼭 전화를 했다. 주가가 조금 올라가면 지금 팔아야 하는 게 아닌지 전화했고, 조금 내려가면 나라가 망한 것처럼 탄식하며 전날 팔지 못하게 했던 나를 원망하며 전화했다. 그들에게는 일부러 핸드폰 번호를 가르쳐주지 않았다. 증권사 지점으로 전화하면 ARS로 넘어가 나에게까지 전화가 오려면 한참 걸렸다. 그때만큼 그렇게 ARS가 고마울 때가 없었다. 하지만 그 부부는 ARS의 불편을 극복하고 또 매일 같이 전화를 해왔다. 그들에게 매일 전화를 받다 보니 일에 집중을 할 수가 없었다. 수십 번 이야기했다.

"그냥 잊고 계세요."

하지만 그 부부는 온종일 HTS만 바라보는 것 같았다. 그리고 얼마 후 수익이 20%가 나왔다. 5,000만 원을 맡겼는데 대략 1,000만

원 가까이 수익이 나온 것이다. 그리고 그 부부에게 전화해 지금 당장 매도하는 게 좋겠다고 말했다. 그리고 다른 증권회사로 옮기던지, 담당 직원을 다른 사람으로 바꾸라고 말했다. 당연히 전화도 앞으로 하지 말라고 했다.

그렇게 말한 다음 날, 그들은 또 차를 몰고 1시간 가까이 걸리는 지점으로 찾아왔다. 교통방송 라디오에 증권 시황을 설명하는 날이라 신경이 날카로웠는데 그 부부가 찾아온 것이다. 왜 계좌를 옮기라고 했는지 물었다. 그래서 솔직히 말했다.

"두 분 같은 투자 스타일은 주식 투자와 맞지 않습니다. 주식은 원래 저가 매수 후 잊고 있어야 합니다. 주가는 단기적으로 조정에 들어가면 조금 하락할 수 있는데, 그것을 참아야 장기적으로 큰 투자 수익을 얻을 수 있습니다. 그리고 신문이나 방송을 보고 심란해하고 호들갑 떨면 주식에서 돈을 벌 수 없습니다."

그냥 솔직한 심정을 이야기했다. 그들도 일면 동의했다. 그리고 한 달 만에 1,000만 원이란 이익을 얻었으니 무슨 말을 해도 다 이해할 수 있는 분위기였다. 만약 손해를 보고 이런 말을 했다면 아마 난리가 났을 것이다. 그리고 그 둘을 보내고 잠시 후 라디오 생방송을 했는데 엉망으로 했다. 그래서 그 부부가 지금도 생생하게 기억이 난다.

여유 있는 사람에겐 축복,
절박한 사람에겐 저주인 주식

주식 투자는 기다림과의 싸움이다. 주식 시장은 제로섬이기에 저가에 매수를 잡아놓고 기다리는 사람이 무조건 이기는 게임이다. 그래서 돈 많은 사람들, 특히 주식에 투자한 돈이 있어도 그만, 없어도 그만인 사람들이 가장 쉽게 돈을 번다. 좋은 매수 타이밍에 저가 매수를 하고 기다리기만 하면, 적게는 수십 %에서 많게는 수백 %의 이익을 얻는다. 그러니 돈에 여유가 있는 사람에게 절대적으로 유리한 게임이라고 말한 것이다.

이와는 반대로 절박한 사람들이 있다. 기댈 데가 없어 마지막으로 주식 시장에 뛰어든 사람들이다. 없는 돈을 끌어모아 주식에 전 재산을 넣는다. 그렇기에 마음은 더 조급하고 불안하다. 도저히 기다릴 수가 없다. 이런 사람은 주가가 천장을 칠 때 시장에 들어온다. 주식에 무지하고, 무원칙에, 감정적이기까지 하다. 경제적으로 힘든 시기를 보내다가 우연히 주변에 주식으로 큰돈 벌었다는 사람들의 이야기를 듣는다. 방송에도 심심치 않게 주식으로 큰돈을 번 이야기가 나온다. 당연하지 않겠는가? 시장이 천장에 오면 선수들은 퇴장을 준비하며 이익 실현을 위해 매도를 한다. 그리고 매도 후에는 그동안 얼마 벌었나 정산을 해본다. 이때 수십에서 수백 %의 수익을 올렸다고 말한다. 이런 말들이 돌고 돌아 주식이라고는 전혀 모르는 절박한 사람들의 귀에 들어간다.

절박한 그들은 마지막 있는 모든 돈을 다 끌어모아 주가가 최고점을 찍을 때 주식 시장에 들어온다. 더 최악은 이들이 매수한 종목이 순간 급등하는 것이다. 촛불은 꺼지기 전에 가장 빛나기 때문에 자연스러운 현상이다. 이들은 운 좋게 매수하고 단 며칠 만에 수십 %의 수익을 본다. '주식 투자를 해보니 정말 별것 아니다'라는 생각이 언뜻 든다. 시장에 막 발을 디딘 초보가 큰 수익을 봤으니 엄청나게 똑똑한 사람이 된 것 같은 기분에 으쓱해진다.

하지만 그 운은 오래가지 못한다. 주가는 드디어 최고점을 찍고 급락과 작은 반등을 반복하며 지속해서 하락한다. 이들은 첫 투자에서 엄청나게 큰 수익을 봤을 때만 기억한다. 첫 투자의 노력과 수익 비율에 근거해서 판단하는 것을 '**앵커링 효과**(Anchoring Effect)'라고 한다. 번역하면 '닻 내리기 효과'라고 부를 수도 있다. 앵커링 효과는 배가 정박할 때 닻을 내려서 움직이지 않게 하는 것으로, 이것을 인간의 심리에 적용한 것이다. 즉 닻을 내린 곳에서 배가 머물 듯 처음 경험한 기억이 닻으로 작용해 주식 투자 전체의 판단에 영향을 미치는 것을 말한다. 쉽게 예를 들자면 아이의 입맛이 엄마가 해준 이유식에서 결정되는 것을 생각하면 된다. 주식 시장에서 잘못된 방법으로 투자했지만, 첫 베팅에 운이 좋게 돈을 번 경우 앵커링 효과로 그 잘못된 행동을 계속해서 반복하게 된다.

주식은 몇 주를 가졌는지가 중요한 게 아니라 계좌 총액이 얼마인지가 중요한 것이다. 하지만 초보들은 총액은 내려가는데, 주식 숫자만 늘리는 데 관심을 둔다. 아무런 가치도 없는 것을 말이다. 그리고 지금 보유하고 있는 주식이 다시 예전 고점을 찍으면 자신의 계좌에 얼마가 꽂힐지 계산하며 이루어질 수 없는 행복한 망상에 젖는다. 이들의 무모한 질주는 8만 원을 원하던 주식이 5,000원 이하로 떨어져야만 끝이 난다. 주식 수가 중요한 게 아니고 총평가금액이 중요한 것이다. 초보일수록 주식 수에 집착해서 평가금액은 내려가는데 물타기를 해서 주식 숫자가 많아지면 좋다고 한다. 반대로 선수는 주식 수는 줄이고 평가금액을 늘린다. 그들은 주식 수가 아무런 의미도 없다는 것을 잘 알기에 그렇다.

하이 리스크,
하이 깡통

'하이 리스크 하이 리턴(High risk high return)'이란 투자 위험이 높은 금융 자산을 보유하면 시장에서 높은 운용 수익을 기대할 수 있는 관계를 이르는 말이다. 이 말은 주식 시장에 존재하는 가장 완벽한 거짓말이다. 지나가던 소가 웃을 말이다. 이 거짓 격언을 진짜라고 믿은 불쌍한 사람들은 위험한 주식이나 선물·옵션과 같은 파생상품을 찾아다닌다.

보통 사람들도 한두 번 깡통을 차고 나면 그때부터 원금 회복을 빨리 해야 한다는 생각에 '하이 리스크, 하이 리턴'이라는 거짓말에 속아 '상향가 따라잡기', '작전주 찾기', '급등주 발굴 프로그램'과 같은 얼토당토않은 방법을 어디서 주워듣고 매매를 한다. 이런 짓을 하면 단 하루 만에도 원금의 50% 이상을 아주 쉽게 날릴 수 있다. 운이 좋게 한두 번 성공했다고 쳐도, 세 번째는 반드시 망한다. 10번 작게 성공하고 딱 한 번만 실패해도 계좌는 0원이 된다. 단기적으로는 '하이 리스크 하이 리턴'이 있을지 모른다. 그러나 장기적으로는 '하이 리스크 로 리턴'이다.

하이 리스크 하이 리턴은 한 사람이 폭탄 돌리기를 하는데 왼손, 오른손 번갈아가며 폭탄을 돌리는 것과 같다. 그 폭탄은 어느 손이든 그 사람의 손에서 터지게 될 것이다. 이렇게 주식에서 깡통을 차면 다음 단계는 '선물거래'다. 선물은 주식과는 비할 수 없을 정도로 변동성이 크고 위험하다. 주식이 시속 15㎞로 달리는 차라고 생각하면, 선물거래는 시속 100㎞로 달리는 차다. 시속 15㎞로 달리는 차도 운전을 못하는 사람이 시속 100㎞로 달린다고 생각해보자. 순식간에 사고가 날 것이다. 그러다가 마지막 단계는 '옵션'이다. 옵션은 뭐 오래 기다릴 것도 없다. 그냥 한나절이면 전 재산도 날릴 수 있다.

주식에 투자해서 망하는 사람들은 일정한 규칙으로 행동한다.

- 1단계 : 첫 투자에 운 좋게 큰돈을 번다. 그리고 주식을 만만히 본다.
- 2단계 : 공부도 하지 않고 무원칙으로 매매를 하다가 큰 손해를 본다.
- 3단계 : 책 몇 권 읽고 빠른 원금 회복을 위해 작전주, 급등주,

세력주를 찾아다니다 또 망한다.

- 4단계 : 이제는 주식으로는 성에 안 찬다. 한 방에 큰돈 벌 수 있
다는 선물·옵션으로 달려간다.

반면 주식으로 큰돈을 버는 사람들도 일정한 규칙이 있다.

- 1단계 : 공부부터 하고 적은 돈을 투자한다. 그 돈은 연습용이다.
- 2단계 : 투자 일지를 꼼꼼히 써서 자신이 무슨 실수를 했는지를
정확히 체크하고 피드백한다.
- 3단계 : 피드백을 바탕으로 원칙을 세우고, 그 원칙대로만 매매
한다.
- 4단계 : 점차 투자 금액을 늘려나가서 큰돈을 번다.

급등하는 주식, 상한가, 작전주를 찾아다니는 사람들이 여러 번
망하고 마지막으로 찾게 되는 게 선물 옵션과 같은 파생 시장이다.
주식 시장이 1도 기울어진 운동장이라면 선물은 5도 이상, 옵션은
20도 이상 기울어진 운동장이다. 그냥 가만히 놔둬도 깡통이 되는
게 옵션이다.

파생상품 투자만으로 장기간 돈을 버는 것은 불가능하다. 불가능
한 것을 기대하지 말고, 불가능한 것이 이루어지기를 바라지도 말자.
하지만 파생상품을 하는 사람들에게 아무리 설명하고 말려도 소용없

다. 그들은 "이제 와서 돌이키기에는 이미 늦었다"고 한다. 이들은 정상적인 투자자와 비교해 문제 해결능력이 부족하고 스스로의 실수를 깨닫지 못한다. 파생으로 돈을 계속 잃으면서도 언젠가는 행운이 자신을 따를 것이라고 믿고 베팅을 멈추지 못한다. 이런 단계까지 온 사람들을 한마디로 요약하면 '정신 줄을 놓은 사람들'이다. 원래는 평범하고 정상적인 사람이었지만 주식이 사람을 미치게 한 것이다.

내가 본 고객들 중에 정말 셀 수도 없을 만큼 많은 사람들이 이렇게 정신 줄을 놓는 것을 봤다. 그래서 그들에게 "차라리 주식에서 돈을 찾아 복권을 사세요"라고 말한 적도 있다. 하지만 그 어떤 말로도 이들을 말릴 수 없다. 정말 안타까운 사정의 고객들을 많이 봐왔다. 옵션으로 일주일에 수천만 원씩 날리는 사람이 있었다. 그 사람만 왔다 가면 지점 직원들이 모여 그 사람이 오늘 얼마나 많은 돈을 날렸나 확인했다. 그렇게 몇 달을 날렸다. 정말 수십억 원의 돈을 날렸다. 도대체 그런 큰돈이 어디서 났는지 알 수는 없었으나 가슴이 답답했다. 그러던 어느 날부터 그 고객을 볼 수 없었다. 사실 이런 사람들이 예전에는 정말 많았다. 지금은 증권사를 그만둔 지가 워낙 오래되어 잘 모르겠다.

선물 옵션으로 돈을 벌 수 있다는 것은 중세 유럽에서 돌멩이로 금덩이를 만들 수 있다고 믿은 연금술과 같다. 반면 프로 투자 선수들은 의심이 많고 소심해서 잘 속지 않는다. 소심하고 의심 많은 그들은 매수는 천천히, 매도는 전광석화 같이 해치운다. 그리고 또 자신이 유리할 때만을 기다리다가, 마치 사자가 먹이를 낚아채듯 수익을 보고 뒤로 빠진다.

사자가 지나가는 모든 토끼를 다 쫓아가다가는 결국 힘이 빠져 배부른 얼룩말이 천천히 앞을 지나가도 잡지를 못한다. 그래서 사자는 가만히 숨어서 기다리다가 결정적 한 방을 노린다. 잡아봐야 간에 기별도 안 가는 토끼 한 마리 때문에 힘을 뺄 필요가 없어서다.

우리도 수풀이 우거진 숲속에서 몸을 웅크린 채 배부른 얼룩말이 졸면서 지나갈 때까지 참고 또 참고 기다리자. 그렇게 있으면 반드시 기회는 온다. 하이 리스크 하이 리턴은 사자가 배고프다고 악어를 잡으러 강 속으로 뛰어 들어가는 꼴이다. 물은 당연히 악어에게 유리하다. 물에서는 사냥을 하는 게 아니라 악어에게 사냥을 당한다. 그게 바로 '하이 리스크, 하이 리턴'이다. 칼날을 손으로 잡고 안 베이기를 기도하는 것과 같다. '하이 리스크 하이 리턴'이라고 말하는 사람은 주식 시장을 얕본 것이다. 시장을 우습게 보고 까불면 반드시 대가를 치른다.

시간의 지루함을 견디고 기다릴 수 있는 자가 주식 시장에서 승리자가 된다.

Part

4

탤런트가 없는 종목을
먼저 매도하라

우리는 TV 드라마에서 나오는 사람을 탤런트(Talent)라고 부른다. 실제 영어에서는 쓰지 않는 일본식 영어표현이다. 언젠가부터 이 일본식 영어표현을 우리나라에서 받아들여 TV에서 나오는 연기자를 '탤런트'라고 부르기 시작했다. 탤런트는 '(타고난) 재주, 재능, 재간, 수완, 솜씨'를 말한다. 원래 이 탤런트는 성경에 나오는 달란트에서 나온 말이다. 1달란트는 금 34kg으로 현재 시세로 대략 25억 원 정도다. 고대에는 금 시세가 지금과 달랐으니 그냥 많은 돈 정도로 여기면 된다.

옛날 옛적 어느 유대인 동네에 굉장한 부자가 살았는데, 일이 있어 집을 떠나기에 앞서 종 3명을 불렀다. 그리고 그 3명의 능력에 맞게 가장 능력이 있는 종에게 5달란트를 주었고, 그다음 종에게는 2

달란트, 남은 한 종에게는 1달란트를 각각 나누어 주었다. 그리고 부자는 일을 보러 멀리 떠났다.

가장 능력이 있는 종은 5달란트를 종잣돈으로 장사를 해서 5달란트의 이익을 얻어 총 10달란트를 가지게 되었다. 2달란트를 받은 종역시 장사를 잘해서 2달란트를 남겨 총 4달란트를 가졌다. 하지만 1달란트를 받은 종은 그 달란트를 땅속 깊이 묻어버렸다.

얼마 후 집으로 돌아온 주인은 3명의 종을 불렀다. 제일 먼저 5달란트를 받은 종이 자신은 장사를 해서 5달란트를 10달란트로 만들었다고 했다. 이 말은 들은 주인은 크게 기뻐하며 "앞으로 더 많은 달란트를 맡길 테니 오늘은 함께 먹고 즐기자"고 말했다. 2달란트를 받았던 종도 "저 역시 장사를 해서 2달란트를 더 남겼습니다"라고 하니 주인은 또 기뻐하며 칭찬했다. 마지막으로 1달란트를 받은 종이 말했다.

"주인님이 주신 달란트를 잃을까 두려워 땅속 깊숙이 묻어 두었습니다. 보십시오. 주인님이 주신 돈 그대로 여기 있습니다."

그 말은 들은 주인은 앞에서의 반응과는 반대로 정색을 하며 "쓸모없고, 게으른 놈"이라 질책을 하고 밖으로 내쫓아버렸다. 그리고 그 달란트를 빼앗아 이익을 남긴 종들에게 나눠 주었다.

달란트 이야기와 주식 투자는 매우 비슷한 점이 있다

불황의 터널을 지나 호경기가 오면 많이 오르는 종목이 있고, 조금 오르는 종목이 있으며, 전혀 오르지 않는 종목이 있다. 어떤가? 앞에 나오는 3명의 종과 비슷하지 않은가? 그런데 더 재미있는 사실은 많이 오르는 종목은 계속해서 더 많이 오르고, 조금 오르는 종목은 똑같이 조금 오르고, 오르지 않는 종목은 시장이 아무리 좋아도 거의 오르지 않는다. 주식 선수들은 이런 주식의 특성을 정확히 파악한다.

그래서 선수는 종들에게 달란트를 맡긴 주인처럼 잘 오르지 못하는 종목에서 돈을 빼서 잘 오르는 종목에 투자한다. 많이 오르는 종목에 더 많은 돈을 투자한다. 조금 오른 종목에는 조금 투자하고, 오르지 않거나 내리는 종목에서는 돈을 뺀다. 그래서 선수들은 주식에서 큰돈을 버는 것이다. 이것은 일종의 '상향 물타기'다.

하지만 개미들은 선수와 반대로 포지션을 잡는다. 바로 '하락 물타기'다. 많이 오른 종목에서 돈을 빼서 조금 오른 종목에 넣든가, 아니면 전혀 안 오른 종목에 투자한다. 이들은 왜 거꾸로 베팅할까? 이들은 많이 오른 종목은 너무 많이 올라 더는 오를 것 같지 않아서 '이정도 수익 봤으면 되었다'고 생각한다. 그리고 오르지 않은 종목이 곧 상승 차례가 와서 크게 주가가 폭등하리라 여긴다. 그래서 오른 종목에서 뺀 돈을 오르지 않은 종목에 넣는 것이다.

앞서 말한 달란트 이야기로 개미들의 행동을 해석하면, 돈을 많이 버는 종은 많은 돈을 벌었으니 돈 한 푼 못 번 종이 더 많은 돈을 앞으로 벌어 오리라 예측하는 것과 진배없다. 이 얼마나 어리석고 바보 같은 생각인가? 학창시절에 전교 1등을 한 애는 성적이 많이 올랐으니 이제 앞으로 전교 꼴등 하는 애가 성적이 많이 오를 것으로 생각하는 것과 같다. 전교 1등은 앞으로도 계속 열심히 해서 전교 1등을 할 가능성이 높고, 꼴등은 앞으로도 꼴등 할 가능성이 높다. 사람은 잘 바뀌지 않는다는 것을 알지 않는가?

주식도 마찬가지다. 주식도 웬만해서는 성질이 잘 바뀌지 않는다. 회사도 그대로, 대표도 그대로, 직원도 그대로, 그야말로 인적·물적 구성이 맨날 똑같은데 어떻게 주가만 달라질 수 있겠는가. 그러니 주식으로 돈을 벌고 싶으면 내리는 종목을 팔아서 오르는 종목으로 물타기를 해라.

선수들이 매도하고 싶을 때,
개미들은 매수하고 싶어 한다

개인 투자자는 언제 주식을 가장 사고 싶어 할까? 바로 옆집 아줌마가 주식으로 큰돈 벌었을 때다.

"뭐? 201동 슬기 엄마가 주식으로 3,000만 원을 벌었다고?"

주식 하면 집 한 채 날리는 것은 일도 아니라는 말을 꿋꿋이 믿고 여태 살았는데, 옆 동 슬기 엄마도, 윗집 철수 엄마도 다 주식으로 돈을 벌었다는 말을 들었을 때 주식을 가장 사고 싶어진다. 그 이유는 바로 '소외감' 때문이다. 돈벌이에서 '왕따'가 된 기분을 느껴서다.

'남들은 다 주식으로 돈 벌었는데, 나만 못 벌었네' 하는 생각이 들자마자, 옆집 채연이 엄마와 손잡고 마치 마라톤 결승선에서 하얀 테이프를 끊듯 증권사 문을 열어젖힌다. 계좌 개설 후 적금과 보험을 깬 돈으로 뭘 만드는 회사인지도 모를 주식에 다 쓸어 넣어 버린다. 애당초 저가 매수 같은 것은 관심도 없다. 마음이 급하다 보니 어떤 주식이든 최대한 빨리 사서, 공돈과 다름없는 수익을 챙기고 싶어 한다. 그래서 매수도 화끈하게 시장가로 해버린다.

반대로 선수들은 이때 시장가로 매수하는 사람들에게 최고점 매도를 해버린다. 누가 알았겠는가. 그 매수점이 3년 최고점이었다는 것을 말이다. 이런 감정을 심리학적으로 말하면 '포모(FoMO)증후군'이라고 부른다. 포모는 '제외된 두려움(Fear of Missing Out)'을 뜻하는 영어 단어의 첫 글자를 딴 말이다. 포모증후군의 증상은 초조, 불면증, 소화불량, 의욕 상실, 화병, 울화통, 분노, 두통 등으로 나타난다. 포모증후군은 군중심리의 일종이다. 인간은 원시시대부터 무리를 떠나 홀로 생존할 수 없는 존재이기에 소속된 집단과 다른 선택이나 행동을 하면 불안하고 강박에 휩싸인다. 즉, 무리에서 떨어져 혼자 왕따가 될 때 느끼는 두려움이다. 예를 들어 옆집 애가 어느 학원에 다녀 성적이 많이 오르자 동네 아주머니들이 우르르 그 학원에 등록을 했다. 그런데 내 아이만 그 학원을 안 다니면 불안해서 견딜 수가 없는 것이 바로 포모증후군이다.

주가가 연일 급등해서 다들 주식으로 큰돈을 버는데, 나 홀로 소외된 것은 아닌가 하는 불안감 때문에 너도나도 주식 투자에 뛰어들어 주식 광풍을 일으키는 것이 바로 포모증후군이 작용한 것이다. 상승장에서는 나 홀로 주식을 안 산 것 같고, 반대로 하락장에서는 나 혼자 주식을 안 판 것 같은 느낌이다. 그러나 이런 집단행동을 하는 사람들과 반대로 해야 주식으로 돈을 벌 수 있다. 정말 매도할 때가 되면 구태여 신경 안 써도 포모증후군과 같은 매도의 시그널이 여기저기서 온다. '초윤장산(礎潤張傘)'이란 고사가 있다. '주춧돌이 젖어 있으면 우산을 펼치라'는 뜻이다. 모든 사건은 발생하기 전에 징후가 나타나고 그 조짐이 보인다. 그 조짐이란 것은 갑자기 앞서 말한 동네 아주머니들이 증권사 지점으로 뛰어가고, "좋은 종목이 없냐?"며 먼 친척한테 연락이 오고, 몇 년째 연락도 않던 친구에게서도 전화가 온다. TV 드라마에서도 주식으로 돈 번 이야기가 나오고, 생활 정보 프로그램에서도 주식으로 큰돈을 번 사람 이야기가 나온다. 바로 이게 매도 조짐이자 시그널이다. 이때 초보 개미들에게 다 털어버리면 된다.

관심종자 주식을 더 산다

차트를 좀 볼 줄 안다고 기술적 반등을 노리고 하락하는 종목에 투자하는 초보 개미들이 있다. 기술적 반등은 나와야지 반등이고, 그냥 다시 밑으로 내려가는 경우가 더 많다. 그리고 이들은 오르는 종목을 사는 게 아니라 아직 소외되어 주가가 오르지 않은 종목을 사려 한다. 역시 초보 개미들의 깡통 차기 딱 좋은 마음가짐이다.

주식은 오르는 종목은 계속 오르고, 잠자는 종목은 계속 잠만 잔다. 기본적 분석은 좋은데, 주가가 안 오르는 종목이 있다. 가치분석 전문가들은 도저히 이해 못하는 경우가 있다.

"왜 이렇게 좋은 종목이 저런 잡주보다도 안 오를까?"

이건 '관심'을 못 받아서다. '관종 주식'이 잘 오른다. 관종이란 '관심종자 주식'이다. 아무리 내용이 좋아도 투자자의 관심을 못 받으면 주가는 오르지 않는다. 이와 반대로 별로 좋지도 않은 회사이지만 사람들로부터 많은 관심을 받는 주식은 폭등한다. 그래서 오르는 종목은 계속 오르고 잠자는 종목은 계속 잠만 자는 것이다.

선수들은 '오르는 주식만 산다'는 이 원칙을 철저히 따른다. 이 원칙을 따르지 않고 본 수익이라면 앞으로 긴장해야 할 것이다. 원칙 없이 얻은 그 작은 수익이 곧 큰 손실을 부를 테니 말이다. 원칙을 따르지 않으면 소탐대실한다. 수익은 작고 손실은 막심하다. 그러니 원칙을 깨고 수익을 봤다고 기뻐하지 마라. 원칙이 없으면 반복해서 같은 지점에서 쓰러지고, 무너진다. 한두 번으로 끝날 함정에 계속해서 빠지고, 실패하며 좌절하게 된다.

고점매수의 두려움을 극복하라

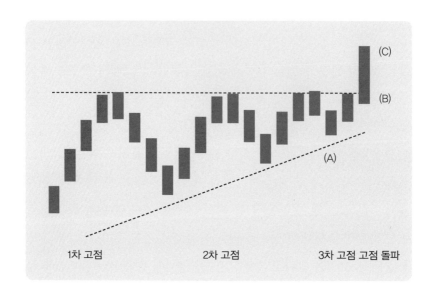

시장은 불황인데 종목 차트는 이미 고점에 와 있다. 선수들은 어떻게 할까?

그들은 한 치의 망설임 없이 고점에 매수한다. 그 이유는 주가가 고점을 뚫고 나면 더 이상 저항 대란이 없기 때문이다. 그때부턴 텅 빈 도로를 혼자서 고속으로 달리는 것과 같다. 앞에 걸리적거리는 게 없으니 원하는 대로 탄력을 받아 주가가 솟구친다. 선수들은 고점 돌 파 후에 무슨 일이 벌어지는지 너무도 잘 안다. 시장이 악재로 한동 안 하락했는데 고점을 찍고 있는 주식은 내성이 있다는 말이고, 시 장이 엉망이 되었는데도 올랐다는 말은 시장이 조금만 받쳐줘도 몇

백 % 상승할 것이라는 말이다. 개미들은 오를 종목을 사고, 선수들은 오르는 종목만 산다. 불황에서 버텨내고 오른 종목은 앞으로도 계속 오를 가능성이 높다.

단, 투자 원칙은 철저히 지켜야 한다. 특히 로스컷 원칙은 반드시 지켜야 한다. 개미들은 투자라는 게임에서 돈을 잃을 수도 있다는 것을 모르고, 또 잃을 각오도 되어 있지 않은 사람들이다. 로스컷은 돈을 잃는 게 아니라 더 큰 손실을 막는 유용한 도구다. 로스컷이 자유자재로 안 되는 사람은 주식에 대해 무지하고 트레이딩 훈련이 전혀 되어 있지 않다는 뜻이다. 하지만 로스컷을 잘하는 선수들은 어떤 시장 상황에도 당황하지 않고 평정심을 유지하면서 매매를 할 수 있다. 고점 돌파 후 로스컷 라인에 오면 배우고 훈련한 대로 주저하지 않고 로스컷 하면 된다.

초보 개미나 자칭 전문가는 차트를 분석해서 아직 오르지 않은 주식을 찾는다. 즉, 자신이 생각하기에 미래에 오를 종목에 돈을 넣는다. 왜냐하면 이미 오른 주식은 너무 많이 올라서 추격 매수하기는 두렵고, 곧 기술적 반등이 일어나 저점을 찍고 다른 우량주처럼 오를 것이라 기대하기 때문이다. 그러나 오를지, 안 오를지는 세상 누구도 모른다. 하지만 확률상 남들 오를 때 안 오른 주식은 앞으로도 안 오를 가능성이 크다. 그래서 오를 종목에 투자한 개미들은 항상 상승장에서 소외되는 것이다.

기본적 분석이나 기술적 분석으로 각 종목의 매수·매도 결정을 해서는 안 된다. 매매 결정은 시황을 보고 한다. 그러고 나서 포트폴리오를 구성할 때 기본적 분석과 기술적 분석을 참고한다.

매수는 신중하고 천천히,
로스컷은 전광석화 같이

시장의 상황은 어떻게 바뀔지 아무도 알 수 없다. 그래서 예측할 수도 없고, 예측해서도 안 된다. 주식 시장에 예측이란 아무런 소용이 없다. 주식은 예측이 아니라 대처하는 것이다. 어떻게 대처하는지는 강의도 듣고, 책도 읽어서 공부하고 철저한 훈련을 거쳐야 한다.

주식 시장에서는 당장 오늘 무슨 일이 생길지 아무도 알 수가 없다. 예상치 못한 악재로 바닥이라고 생각되었던 상황이 더 꺾이게 될 수도 있다. 그래서 매수한 전 종목이 로스컷 기준에 와 있다면 주저하지 말고 로스컷 하면 된다. 미련 없이 털어버리자.

전 종목 손절매 후에 한 달 정도는 그냥 잊고 있어야 한다. 기술적 반등이 일어나 다시 올라간다고 난리쳐도 신경을 쓸 필요 없다. 어차피 바닥은 한 번 크게 찍고 올라가다가 또 한 번 바닥을 찍을 수밖에 없다. 이것을 '역 헤드앤숄더'라고 한다.

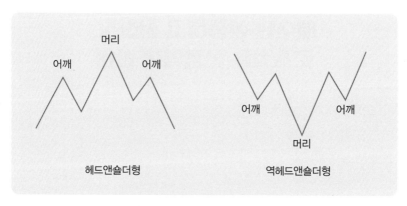

헤드앤숄더형과 역헤드앤숄더형

헤드앤숄더를 뒤집어 놓은 형태다. 반드시 로스컷의 원칙은 하늘이 두 쪽이 나도 지켜야 한다. 그게 주식 시장에서 오래 살아남는 비결이다. 로스컷 원칙을 지키지 않으면 20% 손실 나고 말 것을 60~70% 손실이 난다. 결국은 재기하기 힘들어진다. 예측할 수 없는 주식 시장의 유일한 방패가 바로 '로스컷'이다.

역헤드앤숄더형에서 머리 부분에서 로스컷 했다면 조금 쉬었다가 어깨 부분에서 재매수하면 된다. 그러니 로스컷으로 생긴 손실은 잊고 원칙대로 매매하면 된다.

도대체 언제 매도할 거야?

주식은 오르는 힘이 다하면 가격은 내려가기 마련이다. 사실 제일 중요한 것은 저점에 매수하는 것이고, 현재 수익을 보는 중이라면 매도는 그리 신경 쓰이는 게 아니다. 종목의 주가가 박스권을 이루며 상승과 하락을 반복하면 그리 큰 수익을 볼 수 없었을 것이다. '이렇게 규칙적으로 상승과 하락을 할 줄 알았다면 그냥 매수·매도를 반복할걸' 이렇게 생각할 수도 있겠다.

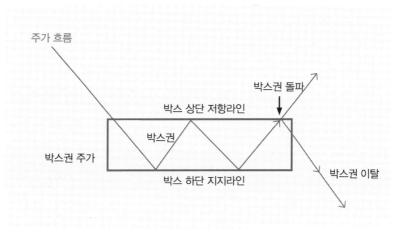

역헤드앤숄더형

지지선에서 반등하고 저항선에서 하락한다. 파동처럼 움직인다. 그렇다면 이렇게 생각할 수도 있겠다.

'지지선에서 매수하고 저항선에서 매도하면 안 되나?'

하지만 이것은 완전히 결과론적이고 자의적인 해석이다. 지나고 나서야 주가의 흐름이 박스권에서 규칙적으로 오르락내리락했다는 것을 알 수 있다.

실제로 박스권 매매를 하는 선수들도 있다. 이들은 전문지식을 가진 고도로 훈련된 선수들이다. 경제와 증권에 대한 깊은 전문지식이 있고, 감정에 휘둘리지 않는 실전 고수들이며, 주로 스윙 트레이딩을 한다.

이런 선수들은 수천 개나 되는 거의 모든 종목의 특징과 차트를 외우다시피 한다. 주가의 흐름이 비슷한 종목(쌍둥이 종목)들을 분류 및 암기하고 있고, 각 종목의 우선순위와 인과관계도 다 암기하고 있다. 암기력이 부족한 사람은 못한다. 머리가 똑똑해야 할 수 있다. 특히 외우는 기술이 탁월해야 한다. 앞서 말한 것과 같이 선수는 아무나 하는 게 아니다. 모든 조건을 다 갖추고 있다고 하더라도 특히 주식 투자에 미쳐야 한다. 결론적으로 박스권 매매는 전문 선수들의 몫이다. 자신을 과대평가하면 깡통이 당신을 찾아갈 것이다. 그러니 전문 선수를 흉내내지 말자.

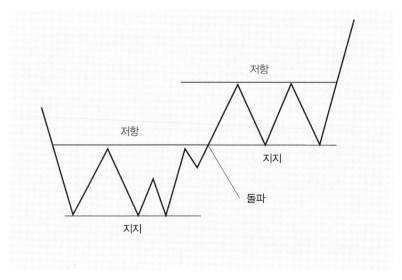

지지선·저항선 차트

　지지선과 저항선을 알아보는 방법도 지나고 나서야 그게 지지선이었는지, 저항선이었는지 알 수 있다. 지지선과 저항선은 그 가격대에 거래량이 많다. 하지만 이것도 그리 신빙성이 높지는 않다. HTS에 거래량을 세팅하면 차트에서 확인할 수 있다.

　중요한 것은 '지지선에 주가가 더는 내려가지 않고 지지가 될 것이다', '주가가 오르다가 저항선에 부딪힐 것이다'라는 예측이 아니라, 그런 상황에 왔을 때 트레이더의 대응이다. 방송에 나오는 전문가들의 예측을 참고해서 포트폴리오를 어떻게 구성할 것인지, 하락한다면 포트폴리오에서 무슨 종목부터 수량을 줄일 것인지 생각해

보고 메모해두면 된다.

트레이더는 주가가 상승하든, 하락하든 전혀 상관없다. 시장 상황에 맞게 준비해둔 전략을 쓰기만 하면 된다. 예측은 전문가들의 영역이다. 선수는 전문가의 의견을 경청하고 작전만 짜면 된다.

매도는 개별 종목 상황이 아닌, 전체 시장 상황을 보고 정한다

기업의 현재 주가와 내재가치를 비교해 투자한 경우에도 전체 시장 상황을 보고 매매해야 한다. 다시 말하면 매수·매도는 나무가 아닌 숲을 봐야 한다. 숲에 가뭄이 들어 나무들이 다 말라 죽고 있는데, '이 나무는 튼튼하고 품질이 좋은 나무라서 가뭄을 잘 견딜 수 있을 거야'라고 착각하면 안 된다. 가뭄이 들면 그 덩치 큰 나무부터 말라 죽기 시작한다. 끝까지 살아남는 것은 의외로 작은 나무들과 풀일 수 있다.

자칭 전문가들

한 번도 몇 년간 수익을 유지해본 적도 없는 사람들인데, 뭔가 많이 알고 있는 것처럼 말하는 사람들이 '자칭 전문가'다. 이들은 투자자도 아니고 전문가도 아니다. 이미 여러 번의 투자 실패로 베팅할 돈이 없다. 그러나 어디서 주워들은 것은 많아서 자신만의 '깡통 철학'을 가지고 있다. 그래서 자신은 항상 투자에 실패하지만, 훈수는 실제 전문가 못지않다.

일단 이들은 말이 많다. 실력과 비교해서 말이 너무 많다. 거의 주식 투자를 입으로만 하는 '주둥이 파이터'들이다. 자신은 비록 주식으로 돈을 못 벌었지만, 남은 벌 수 있게 할 수 있다고 착각하는 사람들이다.

"그러면 직접 하지 그러냐?"고 물어보면 주식으로 돈을 다 날려 투자할 돈이 없단다. 이게 무슨 개 풀 뜯어 먹는 소린지 알 수가 없다. "나는 주식으로 돈을 벌 수 없지만, 남들은 벌게 할 수 있다"는 엉터리 논리는 도대체 어디서 나왔을까? 분명히 말하지만, 이 사람들은 다시 돈이 생겨서 투자한다고 해도 결과는 항상 똑같을 것이다. 이런 사람들은 종목만 바꾸면서 같은 실수를 계속 반복한다. "그렇게 해서는 안 된다"라고 하면, 또 어디서 이상한 방법으로 돈 번 사람의 예를 들어가며 자신의 실패를 정당화하고 핑계를 댄다. "같은 방법을 반복하고도 다른 결과를 기대하는 사람은 정신병자"라고 아인슈타인(Einstein)은 말했다.

또 어떤 사람은 돈이 생기면 안절부절못하고, 무슨 주식이든 사야 속이 편한 사람이 있다. 정말 가만히 있지 못하고 불안해한다. 일단 살 종목이 없으면 ETF라도 사고 본다. 왜냐하면 계좌에 돈 있는 꼴을 도저히 볼 수가 없는 사람이기 때문이다.

월급을 탈 때마다 주식을 사는 사람도 봤다. 무슨 주식이 적금도 아니고 도무지 왜 주식 투자를 하는지 이유를 알 수가 없는 경우다. 이런 사람은 아무리 오래 투자해도 실력이 늘지 않는다. 일단 목돈이 있어야 매수 기회가 왔을 때 투자할 수 있다. 돈이 생길 때마다 적금 붓듯 주식을 사들이면 나중에 절호의 매수 기회가 와도 돈이 없어 기회를 잡지 못한다. 바로 이런 부류의 사람들이 나중에 세월이 흘러 아무도 알아주지 않는 자칭 전문가가 된다. 이런 자칭 전문가의 폐해는 막심하다. 주식에 대해 궁금한 게 있으면 자칭 전문가를 찾지 말고, 증권사 지점에 가서 직원에게 상담을 받는 게 가장 현명하다.

고가 매도는
아침에 하는 게 좋다

　보통 개미들은 아침에 매수와 매도를 한다. 개미들은 이성적 매매를 하는 게 아니라 감정적으로 매수·매도를 하므로 전날 밤에 텔레비전에 무슨 이야기가 나오면 아침에 장이 열리자마자 매수와 매도를 한다. 기관과 외국인은 장 중간이나 마감 직전에 매매를 한다. 그 이유는 아침에 개미들이 흔들어놓은 시세가 가라앉기를 기다렸다가 시장이 차분해지면 이성적 매매를 하기에 그렇다. 하지만 선수들은 아침에 매매한다. 개미들이 매수할 때 그들은 매도하고, 개미들이 매도할 때 그들은 매수한다. 사실 선수들은 개미를 잡아먹는 개미핥기 같은 존재다.

　개미들은 "누가 주식으로 돈 벌었다"는 이야기를 듣게 되면 수중에 있는 돈을 다 끌어다 아침에 장이 열리자마자 시장가로 주식을 매수해버린다. 이때가 선수들이 저가에 잡은 물량을 개미들에게 떠넘길 때다. 팔고 싶은 주식 매도 호가를 몇 단계나 높이 잡아둬도 웬만하면 다 체결된다. 선수는 개미에게 52주 최고점에 물량을 넘기는 경우도 허다하다.

'개미는 떼를 지어 다닌다.' 어쩌면 그렇게 똑같이 움직이는지 신기할 따름이다. 마치 누군가 명령을 내리는 사람이 있는 것처럼 일사불란하게 같이 움직인다. 그리고 개미가 움직이는 방향은 언제나 틀렸다. 그 개미에서 진화한 사람들이 선수다. 이 책을 읽는 당신은 개미에서 탈출해 선수가 되길 바란다.

내가 오늘 돈 얼마 벌었는데 말이야!

주식 투자를 해서 돈을 조금 벌면 이미 세상을 다 가진 것처럼 자랑하고 다니는 사람들이 있다. 이런 사람들은 돈을 번 것만 이야기하지, 돈 잃은 이야기는 절대 하지 않는다. 하지만 이들의 계좌는 그들의 인상만 봐도 대략 얼마나 남았나 알 수 있다. 조금이라도 잃으면 인상이 변한다. 말도 함부로 하고 일도 손에 잡히지 않아 어디 똥 마려운 강아지처럼 안절부절못한다. 반대로 주가가 올라서 돈을 조금 번 날은 좋아서 방방 뛰고 온 사방에 자랑하며 돌아다닌다.

또 이런 사람들은 어쩌다 주식으로 조금만 돈을 벌면 주변에 추천하고 다닌다. 그리고 그 말을 들은 그의 주변인들과 함께 폭삭 망한다. 보통 직장인 개미 투자자들이 많이 하는 방식이다. 그리고 그들은 서로 전혀 쓸모도 없는 정보를 "절대 누구한테 이야기하면 안 돼", "이건 정말 비밀인데 너만 알고 있어"라며 소중히 교환한다. 그들의 정보란 것을 들어보면 정말 가당치도 않은 루머가 대부분이다. 정보는 곧이곧대로 받아들이는 게 아니라 과연 이 정보가 정확한지 비판적으로 검토하고 생각해봐야 하지만, 이들에게는 그럴 만한 지식과 경험이 없다.

수익을 자랑하고 다니는 사람들은 주식 투자하면서 거의 손해만 본 사람들이다. 이들은 차라리 주식 투자하지 않는 게 원금이라도 보전하는 가장 현명한 방법이다. 고수익을 노리고 주식 투자에 뛰어들지만 큰 손실과 마음에 큰 상처만 남는다. 보통 실력이 없는 사람들일수록 이렇게 자신의 수익을 자랑한다. 혹시 당신 주변에 주식으로 돈을 벌었다며 자랑을 하고 다니는 사람이 있는가? 그 사람은 여태 주식 시장에서 돈을 못 벌었고, 앞으로도 쭉 못 벌 사람이다.

이와는 대조적으로 선수들은 절대 밖에 나가서 투자 종목과 수익 이야기를 하지 않는다. 가끔 손실을 보고 로스컷 한 이야기는 선수들끼리 농담 삼아 한다. 선수와 초보의 차이를 알겠는가? 초보는 여태 손실 본 것을 숨기고 수익 본 것을 자랑하며, 선수는 수익 본 것을 숨기고 로스컷 해서 손실 본 것을 이야기한다. 왜냐하면 개미는 맨날 손실만 보다가 너무 오랜만에 수익을 봤기 때문이다. 가뭄에 콩 나듯 수익을 봤으니 가만히 있을 수 없다. 그래서 여태 손실이 몇 배나 컸지만, 그것은 다 잊고 잠깐의 수익에 열광하고, 주변 사람들에게 자신의 실력을 자랑하고 수익을 떠벌리고 다니는 것이다. 하지만 선수는 수익 보는 게 특별할 게 없는 일상이다. 그러니 주식으로 돈을 버는 게 별것 아니다. 하지만 로스컷은 가끔 한다. 손실도 가끔 생긴다. 당당하게 들어갔다가 멋지게 로스컷 하고 나온 것을 선수들끼리 이야기하면 아주 많이 웃기고 재미있는 에피소드가 된다.

개미의 진화

개미 중 일부는 진화하기 시작했다. 똑똑한 개미들은 시장의 룰을 이해해 먼저 기본적 분석과 기술적 분석을 공부한 후 투자 심리학을 연구했다. 그리고 그들은 깨달았다. 주식이라는 공정한 게임에서 실력만 있으면 하버드 MBA, 와튼 스쿨, MIT 출신의 펀드매니저들도 박살 낼 수 있는 방법이 있다는 것을 말이다.

똥개도 자기들 집에서는 50% 먹고 들어간다. 자본도 적고, 경제에 대한 지식도 부족하지만, 가끔 시장이 어떤 상황일 때는 쉽게 돈을 버는 방법을 터득할 수 있다. 시장은 주로 덩치들의 싸움장이지만 이들이 한 번에 다 나가떨어질 때도 있다. 덩치들이 힘이 다 빠져 주저앉아 있을 때 이들이 흘린 것을 먹고 튈 수 있다. 요즘 선수들은 기관과 외국인보다는 소액이라 시장 지배력은 없지만, 유리할 때 먹고

튀는 게릴라적 전투기술을 터득했다. 군대로 비유하면 기관과 외국인은 정규군이고, 국내 선수들은 특수부대원들이다.

기관 투자자나 외국인 투자자가 무슨 대단한 프로그램과 시스템이 있다고 생각하는 개미들이 많다. 하지만 알고 보면 그들이 가진 프로그램도 별것 아니다. 시장 상황이 약간 변하고 독립변수에 에러가 조금만 일어나도 프로그램과 시스템은 엉망으로 돌아간다. 그렇게 파산하는 투자 회사도 많이 있다.

우리나라에도 기관 투자가 있지만 사실 외국인을 이길 수는 없다. 비슷한 실력일 때는 덩치가 큰 사람이 이기듯 외국인이 우리 기관보다 훨씬 덩치가 더 크고 힘도 세서 그들을 당해낼 수 없다. 예전 우리나라 증권 시장은 외국인 투자자의 놀이터였던 적도 많았다. 붙을 때마다 너무 허망하게 KO패를 당하곤 했다.

하지만 똑똑한 개미들은 다르다. 외국인이 힘과 덩치로 치고 들어와도 스마트 개미(선수)들은 끄떡도 하지 않는다. 워낙 저가에 주식을 잘 잡아서 그렇다. 똑똑한 개미가 많을수록 외국인은 국내 시장을 함부로 가지고 놀지 못한다. 개미 떼의 위력은 실로 엄청나다. 그렇게 똑똑한 개미는 시장을 지키는 파수꾼이 된다. 이왕이면 똑똑한 개미가 되자. 그리고 공부하는 개미가 되자.

Part

5

주식 공부법

도끼의 날부터
갈아라

어느 랍비가 이른 아침에 산길을 가다가 한 젊은이가 나무를 하는 모습을 봤다. 나무를 하는 도끼질 솜씨나 볼까 해서 잠시 길을 멈추고 바라봤는데 뭔가 이상해 보였다. 그 젊은이는 있는 힘껏 도끼질을 했는데 나무는 꿈쩍도 하지 않는 것이었다.

가까이 가서 자세히 살펴보니, 나무꾼은 이가 다 빠지고 날도 서지 않은 도끼로 힘껏 나무를 내려치고 있었다. 그 장면을 본 랍비는 한참을 생각하고 나서 그에게 물었다.

"날도 서지 않은 도끼로 힘껏 내려치느니, 차라리 도끼날을 세우는 게 좋지 않겠나?"

그 말을 들은 젊은이가 대답했다.

"아닙니다. 오늘 저녁까지 이 나무를 꼭 해야 해서 도끼날을 세울 시간이 없습니다."

랍비는 이 말을 듣고 더는 할 말이 없다는 듯 고개를 휘저으며 가던 길을 갔다. 오후가 되어 볼일을 다 보고 돌아가는 길에 아침에 보았던 그 청년이 아직도 같은 나무를 도끼질하는 모습을 봤다.

랍비는 다시 그 젊은이에게 물었다.

"자네는 아직도 그 나무를 쓰러트리지 못하고 힘만 빼고 있군. 도끼날을 세우는 데 얼마나 걸리겠는가?"
"한 30~40분 걸리겠지요."
"날이 잘 선 도끼로 나무를 내려치면 쓰러트리는 데 얼마나 걸리겠나?"
"1시간이 안 걸릴걸요?"
"그러면 왜 그렇게 하지 않나?"
"거참, 아까도 말씀드리지 않았나요. 저는 열심히 일하느라 도끼날을 갈 시간이 없다고."

매번 깡통을 차는 사람에게 "제발 주식 공부 좀 하세요!"라고 말했더니 "매매하기도 바쁜데 주식 공부할 시간이 있나요?"라는 대답이 돌아왔다.

왜 사람들은 주식 공부를 하지 않고 주식으로 돈을 벌 수 있다고 생각할까? 공부를 하나도 안 하고 서울대에 갈 수 있다는 말보다 더 황당한 이야기다. 사람은 학습을 통해 발전하고 성장한다. 그런데 배움을 무시하는 사람은 점점 무식해지면서 용감해지고 자기 의견에 고집과 확신이 생긴다.

주식 공부를 하지 않고 주식을 매매하는 것은 날이 없는 도끼로 나무를 하는 것과 같다. 아무리 내려쳐봐야 나무는 그대로이고, 당신의 도끼만 망가질 뿐이다. 개미들이 돈을 잃는 것은 트레이딩 기법을 몰라서도 아니고, 자본금이 부족해서도 아니다. 먼저 공부를 하지 않아 실력이 없고, 그 실력을 바탕으로 거래를 하지 않았기에 의미 있는 경험이 없기 때문이다.

주식 투자하면
패가망신한다고?

집 한 채 말아먹은 사람, 건물 몇 채 날린 사람, 전 재산 날리고 폐인이 된 사람, 주식 투자하다가 회사에서 잘린 사람 등 수도 없이 많은 주식 실패담을 듣는다. 그래서 어느 집 가훈이 '우리 집은 주식을 하지 않는다'란다. 주식으로 망한 이런 사람들의 공통점은 딱 한 가지다. 이들이 망할 수밖에 없는 필연적인 이유는 바로 주식을 공부하지 않아서다.

기술적 분석과 기본적 분석의 기초도 전혀 없는 사람이 주식 투자를 하는 것은 무모함의 끝이다. 이런 행동은 주식 투자가 아니고 도박 베팅에 더 가까울 것이다. 단돈 1,000원을 아끼려고 종일 인터넷 가격 비교 사이트를 찾아보는 사람이 수천만 원에서 수억 원을 넣으면서는 자신이 투자하는 회사에서 뭘 만드는지도 모르는 경우도 허다하다.

운이 좋아서 매수한 종목의 주가가 오르면 운도 실력이라고 여기고, 폭삭 망하면 주식 시장은 사기고, 도박장이고, 쉽게 집 한 채 말아먹는 곳이라며 악담을 퍼붓는다. 이런 초보 개미들은 주식 공부를 해본 적이 없으니 주식 투자의 기준도, 원칙도 없다. 그냥 텔레비전을 보다가 누군가 종목을 추천하면 아무 생각 없이 일단 매수했기 때문에 큰 손해를 본 것이다. 주식 시장은 사기도, 도박장도 아니다. 공부하면 공부한 만큼 보이고, 노력하면 노력한 만큼 수익이 나오는 곳이다. 돈 벌기에 주식보다 더 쉬운 것은 세상에 없다.

주식 시장은 전체적으로 봤을 때 하락하는 날보다 상승하는 날이 더 많다. 그리고 경제는 거의 성장한다. 그래서 종합지수 차트는 우상향이다. 그러니 아무 때나 그냥 대충 사도 돈 벌 확률이 높다. 주식에 관해 공부하고 원칙 매매만 하면 돈을 벌 수밖에 없는 곳이다.

공부를 하지 않으면 가짜 뉴스에 속는다

혹시 쭉정이를 본 적이 있나? 벼와 똑같이 생겼다. 하지만 말 그대로 쭉정이다. 그냥 잡초다. 잡초가 잡초처럼 생기면 뽑아내기가 너무 쉽다. 논에 잡초가 많으면 농사가 되지 않는다. 그래서 항상 잡초를 뽑아내야 한다. 잡초는 누가 봐도 구별이 쉽다. 하지만 쭉정이는 생긴 게 벼와 똑같아서 구별이 잘 되지 않는다. 공부하지 않은 사람일수록 이런 쭉정이 뉴스와 소문에 잘 속는다. 거의 소문의 노예라고 해도 무방하다. 소문을 듣고 제멋대로 분칠까지 해서 믿어버리고, 또 다른 사람에게 그 소문을 전달한다. 마치 자신이 그 뉴스에 대해 사실 확인이라도 했다는 듯이 말이다.

새로운 정보는 언제나 자신이 가지고 있는 기존의 사고와 경험에 바탕을 두고 저울질한다. 그 결과 우리의 결정은 그 순간 옳다고 여기는 방향으로 치우치는 것이다. 그래서 공부하지 않아 지식이 없으면 가짜 정보를 구별할 수도 없다. 즉 공부하지 않으면 지식과 경험의 축적이 일어나지 않는다. 정보에는 무서운 함정이 숨어 있다. 경험과 지식이 없으면 쏟아지는 정보의 진위를 판명할 수 없다.

컴퓨터를 몇 번만 두드리면 정보가 쏟아지니 현대를 '정보의 시대'라고 하지만, 정보의 불균형과 불평등은 예전보다 훨씬 더 커졌다. 가짜 정보를 가려낼 수 있다고 믿지만 실제로는 그렇지 않다. 개미들은 그들이 받아들인 정보가 가짜인지도 모르고 받아들였다가 큰 손실을 본다.

선수는 전략과 원칙으로, 초보는 감(Feel)으로 무장한다

혹시 당신은 시장이 상승했는데 돈을 한 푼도 못 벌었던 적이 있나? 한번 기억을 잘 더듬어 보자. 아무 주식이나 사기만 하면 돈을 벌 수 있을 때인데, 왜 당신만 돈을 못 벌었을까? 그 결과의 원인은 분명히 당신에게 있다. 누구 탓이 아니다.

예전에 그냥 가만히 둬도 200% 오를 주식을 괜히 단타를 쳐서 30%도 못 챙긴 고객들을 수도 없이 봤다. 이건 누구 탓이 아닌 그들이 실력이 없어서다. 시장이 하락할수록 이들이 돈 까먹는 속도는 가히 놀랍도록 빠르다. 상승장에서도 돈을 못 벌었으니 하락장에는 오죽 빨리 까먹겠는가 말이다.

선수들은 상승장에는 상승 폭을 다 먹고, 하락장에는 시장에서 빨리 빠져나온다. 로스컷을 예술의 경지까지 올렸으니 어떻게 하면 손실 없이 나오는지 정확히 안다. 하지만 초짜 개미들은 상승장은 다 놓치고, 하락은 고스란히 다 맞는다. 그 결과 아파트 한 채 가격을 다 날리고 나서 사람들에게 말한다.

"주식을 절대 하지 마라. 아파트 한 채 날리는 건 우습다."

개미들은 감정과 소문에 의지해 거래를 한다. 이와 반대로 선수는 공부는 거의 매일 하지만, 매매를 자주 하지 않는다. 전문가의 예측을 참고해 전략을 짜고 경우의 수를 계산해둔다. 매수한 종목이 상승하면 그냥 두고, 하락해서 로스컷 라인에 오면 미련 없이 로스컷 해 버리고 한동안 쉰다. 일반인들 사이에서 주식 투자 열풍이 불면 여태 매수했던 종목을 한번에 다 팔아 버린다. 그리고 또다시 저점 매수 기회를 기다린다.

종이로 된 경제신문이 당신을 가르치는 참스승이 된다

주식을 하는 사람은 반드시 종이로 된 경제신문을 구독해야 한다. 인터넷으로 보면 안 되냐고? 안 된다. 종이신문을 읽어야 한다. 아침에 일어나 맑은 정신으로 식탁에 앉아 물 한잔 마시면서 처음부터 끝까지 빠르게 신문을 읽어야 한다. 경제신문은 크게 〈매일경제신문〉과 〈한국경제신문〉이 있다. 이 두 개를 다 볼 필요는 없다. 둘 중 하나를 신청해 읽고, 한 해에 한 번씩 바꿔서 읽으면 된다. 〈매일경제신문〉을 1년 봤으면, 다음 해는 〈한국경제신문〉으로 넘어가면 된다.

"스마트폰으로 볼 수 있는데"라는 말을 제발 하지 마라. 컴퓨터나 휴대전화로 접할 수 있는 정보가 있는 반면, 종이신문으로만 습득할 수 있는 정보가 따로 있다. 일반 직장인의 출퇴근 시간은 평균 100분 정도다. 출퇴근 시간에 읽어도 된다. 지하철을 타고 다닌다면 신문을 들고 다니고 틈만 나면 신문을 펴서 읽어라. 한 번 보고, 두 번 보고, 또 여러 번 보다 보면 인터넷으로 볼 수 없는 알짜 정보를 쉽게 습득하게 된다. 일단 몇 달이라도 종이신문을 읽어보자. 인터넷으로 절대 볼 수 없는 기사들이 촘촘히 잘 쓰여 있다는 것을 확인할 수 있을 것이다. 특히 아이들이 있는 집에는 꼭 경제신문을 구독하자. 어릴 때부터 경제신문을 읽으면서 경제관념을 심어주는 게 교육에도 많은 도움이 된다. 다시 말하지만, 인터넷으로 경제란을 보는 것은 전혀 의미가 없다.

비행기를 타면 퍼스트 클래스와 비즈니스 클래스를 타는 사람은 주로 경제신문을 보고, 이코노미석을 타는 사람은 대부분 스포츠신문을 읽는다. 굳이 비행기를 타지 않아도 알 수 있다. KTX 특실을 타면 많은 사람이 책을 읽거나 경제신문을 읽는다. 하지만 일반실은 대부분 앉아서 휴대전화로 오락을 하거나 신문을 봐도 스포츠신문을 읽는다.

자녀를 부자로 키우고 싶은가? 나중에 경제인이 되라는 말이 아니다. 의사이되 부자 의사, 교수이되 부자 교수, 작가는 작가인데 부자 작가, 이 얼마나 바람직한가 말이다. 이왕이면 좋아하는 일을 하면서 부자로 사는 게 좋지 않겠는가.

배우지 않는 자는
주식 투자도 하면 안 된다

투자 기술을 배우는 데 절대적으로 필요한 것이 바로 시간이다. 주식 투자에는 '시간을 투자한다'라는 의미도 들어간다. '양질전환(量質轉換)의 법칙'이라는 게 있다. 일정 규모의 양이 축적되어야 물리적·화학적 변화가 일어난다는 뜻이다. 즉, 양적인 축적이 있어야 질적인 변화가 일어난다는 말이다. 액체 상태의 물은 99도까지 끓지 않다가 100도가 되면 끓는다. 액체가 기체가 되는 순간이다. 배움에도 양질 변화의 법칙이 통용된다. 주식을 공부하다 보면 별다른 발전이 없는 것처럼 지지부진해 보일 때가 많이 있다. 하지만 꾸준히 공부하면서 실전에서 경험을 쌓다 보면 마치 대나무가 순식간에 자라듯 어느 순간 실력이 빠르게 성장한다.

모든 것을 다 직접 경험해서 알 수는 없지만, 일차적 지식습득은

'경험'이 맞다. 그리고 사람들은 경험이라는 렌즈를 통해 현실의 허구와 타당성을 검토한다. 증권 시장에 떠도는 방대한 정보를 분별하고 판단하기 위해서는 나름의 경험적 지식의 프레임이 필요하다. 정보는 서로 망처럼 연결되어 우리의 뇌 속에 남아 있다. 그래서 알고 있는 경험적 지식이 지나치게 없으면 잘 연결되지 않는다. 이 지식 프레임의 핵심이 바로 '경험'이다.

하지만 경험에 의한 지식습득은 곧 한계를 드러낸다. 지식수준이 높아짐에 따라 간접 지식습득이 필요하다. 그것은 바로 책에 의한 지식습득이다. 또 가끔 이런 말을 하는 사람들이 있다.

"책 한 줄 읽지 않고도 똑똑한 사람 많고, 돈 많이 버는 사람들 많던데요?"

이런 말을 하는 사람들을 보면 말문이 막힌다. 물론 타고난 투자의 감을 가지고 있는 사람도 있지만, 아주 극소수일 뿐이다. 통계 구간 외의 무의미한 데이터를 가지고 자신의 게으름에 유리한 쪽으로 해석하고 일반화해서는 안 된다.

사람에게 배우는 게 제일 좋지만, 선수와 고수는 개미를 만나주지 않는다. 그리고 만약 개미를 만나준다고 해도 기술을 가르쳐주지도 않는다. 선수들은 정말 힘들게 노력해서 실전에 통용되는 기술을 한두 개 개발해낸 것이다. 그런데 그 소중한 기술을 다른 누군가에게 가르쳐준다고? 제정신이면 절대 기술을 가르쳐주지 않는다.

그런데 정말 의도치 않게 가끔 자칭 전문가에게 가르쳐줄 때가 있다. 이들에게 슬쩍 가르쳐주면 고마워할 것 같은가? 아니다. 이들은 정말 짠 듯이 같은 소리를 한다.

"아, 그 기술 나도 알아. 예전에 다 해봤던 거야."

그리고 그때부터 자신의 영웅담을 쏟아낸다. 한 달 후 다시 그 자칭 전문가를 무슨 일 때문에 만났다. 그런데 만나자마자 대뜸 내게 투자 기법 하나를 가르쳐주겠다면서 한 달 전에 내가 말한 것을 자신만의 기법인 양 설명하기 시작했다. 기가 막혔다. '내가 정말 쓸데없는 짓을 했구나!' 후회했다.

현재 그가 처한 상황이 안타까워 주식 투자 방법을 하나 알려줬더니 동네방네 떠들고 다닌 것이다. 하물며 나중에는 누가 한 소리인지도 몰라서 내게 내 방법을 떠든 것이다.

"형님, 그거 한 달 전에 제가 가르쳐 드린 겁니다"라고 말하니 "아, 그래?" 하며 멋쩍게 웃었다. 그 후로는 누구에게도 기법 이야기를 해본 적이 없다.

매일 30페이지
책 읽기

　책은 1년에 50권 정도 읽는 게 좋다. 매일 30페이지씩 읽으면 일주일에 한 권 정도를 읽을 수 있다. 주식 책도 읽고, 경제에 관한 책, 역사에 관한 책, 심리학에 관한 책도 큰 도움이 된다. 한꺼번에 다 읽을 생각은 버리고 1년에 딱 50권만 읽자. 한 번에 주식에 관한 책 150권을 읽었다는 사람도 봤다. 나는 우리나라에 주식 책이 150권이 되는 것도 처음 알았다. 책은 한꺼번에 많이 읽어봐야 소용이 없다. 비유하자면 책을 한번에 많이 읽는 것은 감기에 걸리고서 매일 정해진 시간에 약을 먹는 게 아니고, 일주일 치 약을 한번에 다 먹어 치우는 것과 같다. 독서든, 약이든 꾸준히 하는 게 제일 중요하다. 그리고 실전을 겪으며 책에서 얻은 기술을 한두 개씩 직접 써보는 게 중요하다. 한번에 많이 읽는다고 해서 빨리 선수가 되는 게 아니다. 주식 투자는 먼저 배우고, 익히며, 실제로 적용해보고, 기다리는 것이다.

즉, 빨리 많이 읽는다고 빨리 프로가 되는 게 아니다. 도리어 이런 사람들이 실력은 없으면서 수박 겉핥기만 해서 잘 모르는 내용을 마치 안다고 생각하는 자칭 전문가가 되기 쉽다.

주식은 처음에는 책으로 배우는 수밖에 없다. 그런데 책을 읽을 때 무슨 영어 약자로 가득한 책도 있다. 거의 기본적 분석(가치 분석)에 관한 책인데, 책을 읽다 보면 자격증 있는 증권맨 출신인 내가 봐도 무슨 소리를 하는지 모를 책들이 꽤 있다.

이런 것은 대부분 실전 경험이 없는 주식 초짜들이 쓴 책이다. 무슨 분야든 야전에서 잔뼈가 굵은 실전 고수들이 쓴 책은 정말 쉽다. 고수는 내용을 관통하고 있어서 책을 아주 쉽게 쓴다. 중학교 2학년이 이해할 수 없는 책은 책도 아니다. 하지만 초짜들이나 비전문가들이 쓴 책은 어렵고 복잡하다. 초짜들이 책을 어렵게 쓰는 이유는 어렵게 써야 읽는 사람이 저자의 무식함을 알 수 없기 때문이다. 저자의 무능과 무식을 가리기 위한 위장막으로 어려움을 이용한 것이다.

맨날 실전에서 손실만 보면서 책을 읽지 않는 사람이 있고, 책만 읽고 실전은 하지 않는 사람도 있다. 뭐든 적당히 해야 한다. 책도 읽고 강연도 가고, 실전도 해봐야 실력이 늘어난다.

대형 서점에 가자

책은 되도록 서점에 가서 사자. 대형 서점에 가서 사람들이 어디에 관심이 있는지, 어떤 책이 베스트셀러가 되었는지 잘 살펴보자. 자주 서점에 가다 보면 독자들이 어디에 관심이 있는지 보이기 시작할 것이다. 그리고 주식 책 외에 베스트셀러를 사는 것도 좋다. 독자가 많이 선택하는 책은 다 이유가 있다. 책을 읽는 사람은 깨어 있는 사람이고, 앞서가는 사람들이다. 이들이 어디에 관심을 가지고 있는지 파악하는 것도 중요하다. 주식 투자는 심리다. 대부분의 사람들이 지금 어떤 심리인지 파악하는 것 또한 중요하다. 서점에 자주 가야 주식 시장이 보인다.

학창 시절에도 안 읽던 책을 이 나이에 읽으라니 책 읽기 싫다는 당신은 계좌에 있는 돈을 책을 많이 읽은 선수들에게 기부하고, 곧 시장에서 강제 퇴출당할 것이다. 책을 읽지 않고 공부도 하지 않은 당신은 주식 시장의 '기부 천사'다. 즉, 주식 시장 수급의 주체다. 선수들은 이들을 전문용어로 '개호구'라고 부른다. 개호구가 되기 싫으면 책을 읽고, 증권사 직원들과 친해지고, 강의를 들어라. 책이 당신을 설득하기를 바라서는 안 된다. 책을 읽는 이유는 저자가 책 속에 쓴 뭔가가 아니라, 읽는 당신이 책에서 뭔가를 끄집어내서 당신의 일상에 집어넣는 것이다.

독서하는 습관을 들이자

책을 읽지 않으면 지적능력이 멈추는 게 아니라 퇴보한다. 마치 골프 선수가 한 달간 연습을 하지 않아서 실력이 떨어지는 것과 마찬가지다. 뭘 읽어야 할지 모르면 서점에 진열된 베스트셀러 책을 사서 읽으면 된다. 읽다가 다 못 읽고 일주일이 지나가면 그냥 다음 책으로 넘어가고, 읽은 데까지 표시만 해두면 된다. 좋은 말이나 마음에 와닿는 문장이 있으면 볼펜으로 밑줄을 그어 두고, 나중에 투자 일지에 옮겨 두는 것도 좋다. 책은 읽다가 메모도 하고 자기 생각을 써두기도 해야 하니 빌리지 말고 꼭 사서 읽도록 하자. 그렇게 책을 읽다 보면 1년이면 50권이라는 책이 쌓인다. 2년이면 100권, 10년이면 500권, 20년이면 1,000권을 읽을 수 있다.

사람과 주식은
어쩌면 이렇게 닮았을까?

차트의 함정에 빠지면 안 된다. 처음 기술적 분석을 공부하면 쉽게 차트 만능주의에 빠지기 쉽다. 하지만 곧 차트가 얼마나 부질없는지 깨닫게 된다. 재무제표도 마찬가지다.

차트와 재무제표를 몇 년간 열심히 공부하고 실전에서 몇 년간 손해를 보지 않고 살아남을 실력이 되면 드디어 초보 선수가 된 것이다. 일단 시장에서 손해를 안 보고 매매할 정도의 실력을 갖춘 선수가 되면 '기술적·기본적 분석을 잘해서 선택한 종목의 주가가 오른 게 아니라, 그냥 운 좋게 찍은 종목이 오른 것이다'라는 것을 알게 된다. 기본적 분석이든, 기술적 분석이든 그것은 그냥 해석자료일 뿐이다.

당신이 어떤 분석법으로 투자 종목을 선택했든, 그냥 아무것도 안 보고 종목을 찍든, 주가가 올라갔다면 그것은 그냥 '행운'일 뿐이다. 그렇다고 분석법을 배울 필요가 없다고 말하는 게 아니다. 꼭 기본적·기술적 분석법을 배워 둬야 한다. 오늘 주식 시장을 기술적·기본적으로 분석할 수 있어야 투자 일지에 기록하고 기억할 수 있기 때문이다. 분석법으로 매매를 하지 말라는 뜻이지, 시장을 분석하지 말라는 뜻이 아니다. 이 두 분석 기법을 배우고, 실전 경험을 쌓아야 그것이 실력이 된다.

분석법을 공부하지 않으면 당신이 시장에서 손실을 보아도 왜 손실을 보았는지, 수익을 봐도 왜 봤는지 알 수가 없다. 즉, 분석법 없이는 지식과 경험의 축적이 일어나지 않는다. 그리고 지식과 경험들이 쌓이고 쌓여 '원칙'이 된다. 일단 제대로 된 확실한 원칙이 세워지고, 그대로만 하면 어떤 상황에서도 수익을 낼 수 있을 때 드디어 '선수'의 반열에 오른 것이다. 선수들은 시장 상황 때문에 흥분하지도, 좌절하지도 않는다. 왜냐하면 상황에 따라 어떻게 대처해야 하는지 다 전략이 서 있기 때문이다. 이번 장에는 대략 얼마나 수익을 볼 수 있을지, 하락한다면 얼마나 손실을 보고 빠져나올 수 있을지 다 계산이 서 있다. 그러니 돈 좀 벌었다고 흥분하거나 좀 잃는다고 좌절할 일이 뭐가 있겠는가. 그냥 원칙대로만 하면 되는데 말이다.

주식 시장은 만만한 곳이 아니다. 몇 년 연속 수익을 봤고, 이기는 투자 원칙과 실력이 늘었다고 해서 절대 교만해서는 안 된다. 반복해서 매년 수익이 나오면 시장이 만만해 보일 때가 온다. 이럴 때 사고가 꼭 터진다. 뻔한 시장은 없다. 그리고 이곳이 얕보고, 까불 수 있는 데는 더더욱 아니다. 주식을 오래 하기 위해서는 주어진 정보를 수집·판단하고 활용하면서 평정심을 유지하고, 시장을 냉철히 봐야 한다. 그래야 시장이 어떻게 변하든 익힌 기술을 기계적이고 체계적으로 쓸 수 있다.

주식 공부는 흙 마당을 청소하는 것과 같은 것이다. 오늘 깨끗이 청소했다고 해서 다음 날도 깨끗할 수는 없다. 밤새 바람이 불고 먼지와 낙엽이 날아들고 때가 묻기 때문이다. 그대로 서 있으면 뒤로 가는 것과 같다. 주식 공부는 쉬지 않고 해야 기량이 유지된다.

차를 몰기 위해
자동차 정비사가 될 필요는 없다

난 25년 이상 차를 몰면서 내 차에 워셔액 한 번 넣어본 적이 없다. 물론 기본적인 정비도 내 손으로 직접 해본 적 없다. 하지만 정비소에 가면 "차 관리 잘했다"라는 소리를 꽤 듣는 편이다. 내 차의 정비 이력은 정비소에 정확히 데이터화 되어 있고, 서비스 센터에서 연락이 오면 미루지 않고 가서 정비를 받는다. 가벼운 정비를 받을 때는 정비 기사에게 이것저것 물어본다. 타이어를 갈 때도 타이어 전문점에 가서 기다리는 시간에 물어본다. 이렇게 차량 전문가들에게 주워들은 정보들이 쌓이다 보니 차를 보는 눈이 생겼다. 정비소 직원들만큼 차에 대해 솔직히 말해주는 사람들도 드물 것이다. 어느 특정 브랜드 정비소에서는 자신들의 브랜드에 대해 나쁜 이야기를 잘 이야기해주지 않지만, 여러 브랜드의 차를 모두 다 정비하는 곳에서는 객관적으로 차량에 대한 평가를 들을 수 있다. 그리고 인터넷 카페에서도 정보를 많이 얻는 편이다. 운전도 잘하지 못하고 워셔액도 넣어본 적이 없지만, 차에 대해서는 나름 조금 아는 편이고 관리도 잘한다. 이렇듯 자동차를 잘 관리하기 위해 정비사가 될 필요는 없다.

증권도 마찬가지다. 증권을 투자하기 위해 주식 전문가나 증권맨처럼 공부할 필요는 없다. 재무제표를 보기 위해 회계사 공부를 할 필요는 없고, 투자 상황을 알기 위해 경제, 경영학을 공부할 필요 또한 없다. 난 여태 회계사가 주식해서 돈을 벌었다는 말을 듣지 못했고, 경영, 경제학 교수가 주식 투자에 성공했다는 말도 못 들어 봤다.

재무제표와 같은 기본적 분석 자료든, 기술적 분석 자료든 다 각 증권사 애널리스트 리포트를 보면 아주 구체적이고 상세하게 잘 나온다. 그 리포트만 잘 훑어봐도 충분하고도 남는다. 주식 투자자라면 증권사 투자 리포트에 익숙해질 필요가 있다. 처음 읽어보면 당최 무슨 소리인지 몰라도 자꾸 읽다 보면 자연스레 익숙해지고 외워진다. 그러니 리포트가 이해가 안 되어도 그냥 자주 읽어보자. 그리고 정 궁금한 용어나 내용이 나오면 인터넷을 찾아보면 된다.

가상 투자 말고 적은 돈이나마 실제로 투자를 해야 주식에 관심이 가고 실력이 는다. 소액이니 매일 쳐다보지는 않지만, 생각날 때 가끔 HTS를 켜서 보면 재미있다. 종목별 수익률을 따져 보면서 '왜 저 주식은 오르기만 할까? 왜 저 주식은 우량주인데 힘을 받지 못할까?'

인과관계를 생각하게 된다. 신기한 것은 주식이 길거리에서 보일 때가 있다.

예전에 '한진' 주식을 사서 재미를 본 적 있다. 그 후로는 한진 택배차만 봐도 반가웠다. 롯데칠성으로 돈 번 사람은 롯데 운반 트럭만 보고도 웃는다. 이렇게 기존에 관심을 두지 않던 회사들에 관심이 간다. 세상에 대한 주식의 눈이 길러진다. 그리고 아무 생각 없이 마트에 갔다가 사람들이 무슨 제품을 많이 사가는지 관찰하게 된다. 내 카트 안에 담긴 물건보다 남의 카트 안에 뭐가 담겨 있는지가 더 궁금해지기 시작한다. 그 물건들의 제조사가 어디인지 확인하고 괜찮으면 그 주식을 매수해둔다. 제일 좋은 방법은 주식을 매수하기 전에 제품을 써보는 것이다. 제품을 써봤는데 명성에 비해 형편없는 성능이면 당장 그 주식을 팔아버리면 된다. 이렇게 하나씩 배우는 것이다. 이 마트, 저 마트 돌아다니며 물건을 사보고, 좋은 물건이면 그 회사를 인터넷으로 검색해보고, 증권사 리포트를 찾아보는 것이다.

나무토막 하나로 큰 집을 지을 수는 없다

큰 집을 짓기 위해서는 많은 재료와 기술이 필요하다. 더 큰 집을 짓기 위해서는 더 많은 재료가 필요하기 마련이다. 기둥으로 쓸 나무도 구해야 하고 집을 올릴 때 쓸 돌과 흙도 필요하다. 하지만 어떤 어리석은 이는 나무토막 하나로 대궐 같은 큰 집을 짓길 원한다. 능력도 없고, 노력도 하지 않으면서 꿈만 큰 경우다. 부지런히 재료를 모으고 기술을 배워야 하지만, 이들은 그냥 작은 나무토막 하나만 쥔 채 고래 등 같은 큰 집을 지을 꿈만 꾸고 앉아 있다. 그것도 생생히 꿈꾸면 이뤄진다는 헛소리를 믿으며 말이다.

집을 짓기 위해서는 땅부터 다져야 한다. 그 땅을 다지는 게 바로 기초교육이다. 12년 동안 초중고에서 배우는 교육이다. 이 땅을 더 넓히기 위해서는 대학, 대학원 교육까지 받으면 된다. 정규 교육에서 배울 수 없는 것은 책과 강연을 찾아다니며 배우면 된다. 이 배움이 바로 대궐 같은 집을 짓는 주재료다. 터가 넓을수록, 재료가 많을수록 더 큰 집을 지을 수 있다. 나무토막 하나 가지고 대궐 같은 집을 꿈꿀 수는 없다.

여태껏 사람들에게 가장 많이 들었던 말이 "좋은 주식 있으면 소개해주세요"다. 증권회사에 다니면서 한 가지는 확실히 배웠다. '좋은 주식은 없다'는 것이다. 회사가 엉망이라도 내게 수익을 주면 좋은 주식이고, 아무리 좋은 회사라도 내게 수익을 주지 않으면 나쁜 주식이 되는 것이다.

욕심을 줄이고 끝까지 해야
더 멀리 갈 수 있다

뭐든 처음부터 끝까지 해보지 않은 사람의 비극은 세월이 흘러도 일을 어떻게 시작해야 하는지도 모른다는 것이다. 이런 사람은 일을 자신의 힘으로 끝까지 하는 것은 시간 낭비고, 돈 낭비며, 노력의 낭비라고 생각한다. 묘한 요령이 있고 효율적인데 실력은 없다. 이렇게 끝까지 해보지 않은 이들을 '아마추어'라고 부른다.

프로는 아마추어에게 많은 것을 가르쳐줄 수 없다. 아무리 가르쳐줘도 그들은 절대 따라 하지 못한다. 무슨 특별한 기술이 있어서 따라 하지 못하는 게 아니라, 대부분의 아마추어는 끝맺음이 서툴기 때문이다. 프로가 몇 년을 발품 팔아서 겨우 알아낸 노하우를 아마추어 개미에게 알려줘도 그들은 절대 따라 하지 않는다. 피땀 노력으로 공들인 노하우지만 수준 낮은 아마추어의 귀에는 그냥 잔소리와 충고,

꼰대 짓으로밖에 들리지 않는다. 듣는 척만 하던가, 보는 척만 하고, 그냥 원래 자기의 방법대로 한다.

'30년을 일했는데 왜 실력은 저 모양일까?'라는 사람들을 많이 만났다. 이들은 무슨 말만 하면 "아, 그거 나도 아는 내용이야!", "에이, 별것 아니구만", "나도 벌써 해봤지" 이런 말을 한다. 그러나 그들의 실력을 살펴보면 절대 해본 사람이 아니다. 그리고 그런 아이디어가 그들의 머리에서 나왔을 리도 만무하다. 하지만 이들은 선수의 노하우를 이미 생각해냈고, 벌써 실행해봤으며, 결과를 알고 있다. 이래서 '안 될 사람은 아무리 가르쳐도 안 되는 것'이다.

이와 대조적으로 운만 떼도 알아차리는 사람이 있다. 이들은 준비된 사람이다. 10년 넘게 연구해 발견한 결과를 운만 뗐을 뿐인데 핵심을 알아차리는 순간 등줄기에서 식은땀이 흐른다. 순간 '내가 말실수를 했구나!' 후회하고 말을 아낀다. '역시 세상에는 고수들이 너무나 많구나! 절대 어디 가서 까불지 말아야겠어'라고 다짐을 하고 입을 닫는다. 다행인지 이런 고수들은 대인관계가 좋지 않은 게 보통이다. 교수 중에도 이런 고수들이 많다. 6~7년간 개발한 프로그램에서 오류가 나서 별짓을 다 해본 적이 있다. 프로그램에 돈은 계속 투자가 되었고, 이제는 더 물러설 곳조차 없던 때였다. 그때 한 교수를 만났다. 잠깐 얘기를 했을 뿐인데 정확히 오류가 난 부분을 짚어냈고, 방향을 제시했다. 탁상공론이나 하는 교수인 줄 알았는데 초절정 고

수였다. 물론 다른 교수들은 그를 싫어했다.

이런 고수의 면모가 있는 사람에게 노하우를 있는 대로 다 알려주면 밑천 다 털린다. 그런데 또 다행인 것은 이런 사람은 100명 중에 2~3명 정도에 불과하다. 나머지는 노하우를 알려주려고 무슨 짓을 해도 전수받기를 거부한다. 입에 밥숟가락을 넣어주고 턱을 움직이게 두 손으로 잡고 움직여줘도 씹지 못하는 사람도 있다. "자신 있으면 나에게 너의 10년간의 노하우를 가르쳐봐"란 식이다. 하수보다 더 아래 있는 이런 '찌질이들'은 방법을 가르쳐줘도 실패할 이유만 찾는다. 이들은 시도조차 하지 않는다. 시도한다고 하더라도 빨리 포기한다. 포기하지 않더라도 건성건성 한다. 아니면 하는 척만 한다. 그리고 다시 자신의 잘못된 방법으로 돌아온다. 그리고 고수들의 성공을 시기하고 질투한다. 앞서 말한 교수처럼 뛰어난 실력을 갖춘 사람은 남의 질투를 받는다. 그리고 사람들은 꼭꼭 숨어서 그 고수가 실수하기를 기다린다. 어떻게든 그 고수를 아래로 끌어내릴 생각으로 가득하다.

이들의 눈에 고수의 실력과 성과가 올라가는 모습을 보여줘서는 안 된다. 그래서 선수와 고수는 항상 겸손해야 한다. 하수가 고수를 경쟁상대라고 생각하게 해서는 안 된다. 그리고 세월이 흘러 아예 하수들이 쳐다볼 수도 없는 위치에 오르면 그때 가서 일깨워주면 된다. "원래 나는 너희와 경쟁상대가 아니었다"고 말이다. 그러면 이들도 승복하고 해코지를 하지 않는다. 찌질이들 앞에서 튀지 마라. 튀면 올라가는 길에 이들이 장애물과 함정을 파는 수가 있다.

실력이 좀 늘었다고 남에게 자랑할 필요도 없고, 조금 안다고 가르치려 할 것도 없다. 한번에 많은 돈을 벌 생각도 하지 말고, 천천히 그리고 오래 당신의 능력에 맞게끔 주식으로 돈 벌 생각을 하자.

세상에서 가장 공정한 곳이 바로 주식 시장이다. 주식 투자는 지연, 학연, 출신, 다 필요 없다. 선수들은 오로지 '결과'만으로 말한다. 이 얼마나 공정하고 공평한 세상인가? 만약 누군가 주식 시장이 공정하지 못하다며 불평하는 사람들이 있다면 그들에게 해주고 싶은 말이 있다.

"기회는 거의 비슷하게 모든 사람에게 주어진다. 당신이 공부는 안 하고 불평만 하는 순간에 얼마나 많은 기회가 당신을 스쳐 지나갔는지 알면 깜짝 놀랄 것이다."

사람은 아는 만큼 보인다. 단지 공부하지 않아서 그 많은 기회를 못 봤을 뿐이다. 기회는 보통 쉽게 보이지는 않지만, 노력을 계속하는 사람에게는 자주 보상으로 나타난다.

Part

6

시장의
이해

갈릴레이와
경제 전문가

기원전 4세기에도 사람들은 지구가 우주의 중심이 아니고, 태양 주변을 돈다는 것을 알고 있었다. 하지만 거의 2000년이 지난 후 갈릴레이(Galilei)가 지구가 태양 주변을 돈다고 했다가 곧바로 철회했다. 동네 양치기들도 아는 일반상식을 당대 최고의 과학자이자 전문가인 갈릴레이가 "태양을 비롯한 전 우주가 지구를 중심으로 돈다"고 말했다. 갈릴레이는 왜 그랬을까? 2000년 전에도 널리 퍼져 있던 '지동설'과 같은 상식을 왜 갈릴레이 같은 당대 최고의 과학자가 끝까지 주장하지 못했을까? 그것은 지오다노 브루노(Giordano Bruno)가 지동설을 주장하다가 종교재판을 받아 죽는 것을 봤기 때문이다.

지금이라고 다를 것 같은가? 만약 식품영양학 교수가 방송에서 "우리나라 전통음식 중에 OO가 몸에 해롭다"고 말한다면 어떻게 될까? 아마 16세기의 유럽과 비슷한 일이 벌어질 것이다. 통념인 '전통 음식이 몸에 좋다'가 침범당하는 순간, 그 사실을 받아들일 준비가 되어 있지 않은 사람들은 절대 그 학자를 용서하지 않는다. 특히 이 해관계가 걸린 사람들은 목숨을 걸고 덤벼들 것이다. 그 음식의 재료와 완성품을 만들어 파는 회사까지 합세해 그 교수를 사회에서 아주 매장시켜 버릴 것이다. 정보를 받아들일 준비가 되지 않은 사람들에게는 전문가는 진짜 전문가가 될 수 없다. 사실 전문가의 역할은 자신이 알고 있는 사실을 알리는 게 아니라 대중이 듣기를 원하는 말을 하는 것이다. 요즘도 전문가적 사실을 논문이 아닌, 일반 사람들에게 말하려면 목숨을 걸어야 한다.

주식 전문가도 갈릴레이와 똑같다. 어느 용감하고 솔직한 주식 전문가가 종합지수가 대폭락을 거듭하고 있을 때 방송에서 "지금이 매수해야 할 때입니다"라고 감히 개미들에게 말했다고 가정해보자. 한동안 폭락했다면 개미들은 엄청난 손실을 보았다. '폭락장에 현금을 가진 개미는 없다'라는 말이 있다. 물론 내가 옛날에 했던 말이다. 97%의 개미가 손실을 봤고, 원금 회복 불능에 빠져 있는데, 전문가라는 양반이 TV에 나와서 지금이 매수할 때라고 하면 기분이 좋겠는가? 장기적으로 보면 분명히 매수 시기지만, 단기적으로 봤을 때는 오늘 매수하고, 내일 큰 폭으로 하락할 수도 있다. 선수는 먼저 숲을 보고 나무를 본다고 했다. 인과관계를 파악해 현재에 맞는 작전을 짜고 실행해서 잔파도는 신경 쓰지 않는다.

하지만 개미들은 그런 꼰대의 잔소리 같은 원칙은 신경도 쓰지 않는다. '전문가인 네가 분명 매수하라고 했지? 조만간 한 번만 하락해 봐. 내가 가만히 놔두나'라는 다짐을 한다. 그리고 며칠 후 조금이라도 더 하락하면 기분이 나빠진 개미들은 개미 떼의 힘을 보여준다. 주식 시장은 어떻게 할 수 없지만, 전문가 한 명쯤은 여럿이 달려들어 어떻게 할 수 있다는 것을 그들은 잘 안다. 마치 갈릴레이가 종교 재판에 끌려 나가 "우주가 지구를 중심으로 돈다"라고 해야 하는 것처럼 말이다.

그래서 전문가는 괴롭다. 솔직히 말하자니 뒷감당을 할 수가 없고, 그렇다고 침묵을 지키자니 너무나 많은 사람이 피해를 볼 것 같다. 그래서 많은 전문가가 이러지도 저러지도 못하고 침묵을 지키곤 한다. 가끔 양심 있고, 생각 없는 용감한 전문가가 자신의 의견을 말하다가 비난을 받고 사회에서 매장되는 것을 본 적 있는 그들은 다짐한다. 절대 용감해지지 않기로 말이다. 서양 속담 중에 "이웃을 위해 위대한 일을 하지 마라"는 말이 있다.

만약 이 책을 읽는 당신이 전문가라면 전직 증권쟁이로서 한마디만 하겠다.

"일반인들이 받아들일 수 있을 만큼만 이야기해라."

그것도 눈치를 잘 보면서 말이다. 잘못하면 지오다노 브루노 꼴 날 수도 있고, 잘되어도 갈릴레이 꼴 나는 수가 있다. 말을 아껴라!

당신이 투자자라면 전문가의 말을 곧이곧대로 듣지 말고 잘 판단하길 바란다. 앞서 말한 것처럼 전문가도 다 그들 나름의 사정이 있다.

전문가와 선수는
다르다

증권에는 전문가와 선수가 있다. 증권 전문가는 북 스마트(Book Smart)이고, 선수는 스트리트 스마트(Street Smart)다. 북 스마트를 번역하자면 '똑똑한 책쟁이'이고, 그 반대 개념인 스트리트 스마트는 책 속의 화석화된 지식보다는 세상에 두루 통하는 거리의 '세상 똑쟁이'다. 책에서는 배울 수 없는 풍부한 실전 경험을 바탕으로 험난한 시장에서 살아남은 사람을 뜻한다. 북 스마트가 스트리트 스마트가 되면 딥 스마트(Deep Smart)가 된다. 우리는 이들을 '도사'라고 부른다. 여기서 말하는 전문가는 말 그대로 증권 전문가다. 전문가는 애널리스트, 펀드매니저, 증권사 직원들이 있다. 선수에게 가장 필요한 것이 바로 이런 증권 전문가다. 그들이 내놓는 시황과 분석, 그리고 종목 발굴, 기업 리포트가 없으면 선수는 눈을 가리고 경기에 나가는 것과 같다.

"내가 추천해준 종목들은 다 잘 올라가."

"내가 운영하는 펀드는 항상 수익률이 높아."

"내가 분석한 종목이 내 말대로 오르는 것 봤지?"

증권 전문가들은 이렇게 말하지만 자기매매 금지 덕분에 자신들의 실전 투자 실력을 모른다. 자신의 진짜 실력을 모르니 직접 투자했을 때 수익률이 얼마나 나오는지에 대해서도 잘 모른다. 전문가들이 실제 자신의 돈으로 매매를 한다면 수익률이 얼마나 나올까? 사실 그들의 바람과는 달리 실제로는 그리 높지 않다. 그래서 예전에 내가 아는 증권사 직원들은 "주식으로 돈 버는 기술 있으면 내가 미쳤다고 남의 돈이나 굴려주고 앉아 있겠어. 내 돈 내가 굴리지"라는 말을 자주 하곤 했다.

이런 전문가들이 선수가 되면 어떻게 될까? 초반에는 고전을 좀 하는 편이다. 하지만 이들은 경제와 증권, 주식에 대한 지식이 워낙 풍부하고, 정확해서 실전 실력이 아주 빨리 좋아진다. 슈퍼 개미들 중 증권사 출신이 많은 것 또한 이런 이유에서다. 물론 다 그렇다는 말은 아니다. 혹시나 이 책을 보고 '증권사를 그만두고 선수로 나가볼까?' 하는 직원이 있다면 말리고 싶다. 맨날 봐온 시장이지만 회사라는 온실 밖으로 나오는 순간, 험난한 풍파를 맨몸으로 맞게 될 것이다.

증권사 출신들과 달리 금융기관에 근무한 경험도, 관련 자격증도 없지만, 실전에서 잔뼈가 굵은 일반인 선수들도 있다. 앞에서 말한 스트리트 스마트 '세상 똑쟁이'들이다. 얼마 전에도 내 주위에서 이런 사람을 본 적 있다. 아파트 같은 동에 사는 아저씨였는데, 대기업에 다니다가 자사주를 받아서 매매하다가 수익 내는 법을 터득해 회사를 그만두고 전업 투자로 먹고산다고 했다. 그리고 또 어떤 사람은 대학교수로 있으면서 말년에 심심풀이로 주식을 공부하다 선수가 된 사람도 있다. 그 노교수의 투자 기법에 관한 이야기를 들었는데 정말 상상을 초월하는 방법이었다. 역시 대학교수라 머리가 아주 좋았다. 이들의 공통점은 참을성이 있고, 침착하며, 자신을 스스로 아는 메타인지가 뛰어났으며, 피드백이나 비평을 받을 때는 느긋해지려고 노력했다. 이렇게 오픈 마인드를 가지고 꾸준히 수익을 만들어내는 이들이 바로 주식 투자 '선수'다.

선수가 되고 싶으면 일단 빚부터 갚고 시작하라

선수는 100% 자신의 돈으로 자산을 운용한다. 그래야 시장의 짧은 흔들림에 조바심 내지 않고 평정심을 가지고 매매를 할 수 있다. 그리고 단타인 데이 트레이딩과 스캘핑은 손도 대지 않는다. 그들은 자신이 언제 수익을 잘 내는지 아주 정확히 알고 있다. 그래서 자신이 좋아하는 시장이 아니면 거의 들어가지 않는다. 유리한 위치에서 싸워야 손실 없이 큰 수익을 낼 수 있다. 반면 불리한 위치에서 싸우면 이겨도 손실이 막심하다. 정산해보면 이겨도 이긴 게 아닐 때가 많다. 선수는 유리한 위치를 선점하고 승률이 높을 때만 투자를 하니 항상 돈을 버는 것이다. 이들의 전술은 먼저 이겨놓고 시작하는 것이다. 그리고 '복리'의 마법을 잘 안다. 자신에게 유리한 때를 기다리며 기회를 놓치지 않는다. 이들이 바로 선수다.

개미 위에 전문가, 전문가 위에 선수, 선수 위에 고수, 그리고 도사

고수(Deep Smart)가 있다. 이들은 상황에 따라 이기는 방법을 잘 알고 있다. 사실 '고수'는 실제로 딱 한 번 본 적은 있지만, 그들을 잘 알지 못한다. 그래서 더는 언급하지 않겠다. 도사는 피터 린치(Peter Lynch)나 워런 버핏(Warren Buffett) 같은 사람들이다.

예전에 선물거래를 상담할 때 천사가 있었다. 여러 개의 계좌로 선물 1,040개를 가지고 거래를 해서 그 사람에게 붙여진 별명이다. 1,040개의 선물은 엄청난 양이다. 그런 어마어마한 돈을 장난감 가지고 놀 듯이 놀며 장난을 치듯 거래를 하는 사람이었다. 그게 기관인지, 외국인인지, 아니면 고수인지는 아직도 모른다. 그냥 시장에 떠도는 소문에 경남 어디에 사는 고수라는 소문만 들었다. 정말 매매 기술이 현란했다. 이 고수에 대한 소문이 워낙 많아서 뭐가 진실인지, 뭐가 뺑인지는 알 수 없었다. 난 내 눈으로 직접 보지 않은 이상 잘 믿지 않는 편이라 다 거짓말이라고 생각했는데, 딱 한 번 믿을 만한 소식통으로 그 사람의 이야기를 들은 적 있다. 세상은 넓고 고수는 참 많았다.

하지만 우리는 이들과 다르다. 고수도 아니고, 도사는 더더욱 아니다. 그리고 노력한다고 될 수도 없다. 전문가들이 때때로 자신의 능력을 과대평가해서 고객에게 큰 손실을 안겨 주는 경우가 종종 있다. 자신을 과대평가하면 잠시 뒤 깡통이 당신을 찾아갈 것이다.

고대 로마에 가장 위대한 지도자로 불리는 율리우스 카이사르 (Gaius Caesar)는 이런 말을 했다.

"사람은 누구나 모든 현실을 볼 수 있는 것은 아니다. 대부분의 사람은 자기가 보고 싶은 현실밖에 보지 않는다."

어떤가? 지금 당신의 생각과 비슷하지 않은가? 친구에게 "너는 보고 싶은 것만 보이고, 듣고 싶은 것만 들리지?"라는 핀잔을 해본 사람은 알 것이다. 사람은 원래 자신이 보고 싶어 하는 것만 보고, 듣고 싶어 하는 것만 듣는다. 이것을 심리학에서는 '부주의 귀먹음증 (Inattentional deafness)'이라고 한다. 앞서 말한 것처럼 증권사 직원도 자신이 추천한 펀드, 증권이 올라간 것 위주로 보이고, 애널리스트는 자신이 분석한 것 중 자신이 맞게 판단한 종목만 보인다. 펀드매니저도 수익을 많이 냈을 때 위주로 기억한다. 보통 때라면 기억되지 않을 것 같은 사소한 일이라고 하더라도 '성취, 기쁨, 슬픔'과 같은 감정이 개입되면 쉽고 오래 기억하는 것이 인간의 본능이기 때문에 이런 현상이 나타난다. 그 기억은 나중에 추억으로 우리의 뇌리에 저장된다. 교수도 마찬가지다. 자신이 정말 잘 가르친다고 착각하는 교수가 80%다. 그래서 전문가가 자신의 돈으로 실전에 뛰어들었을 때 수익률이 형편없는 것이다.

이런 일은 학교에서도 일어난다. 애들은 학교 선생님보다 학원 강사가 더 잘 가르친다고 말한다. 학교 선생님은 과목을 전공하고 그 어렵다는 임용을 통과한 준비된 분들이다. 하지만 아무리 잘 가르쳐도 월급을 더 많이 받는 것은 아니다. 그리고 가르치는 학생들을 아무리 많이 명문대를 보내도 성과로 연봉이 올라가지 않는다. 반면 학원 강사의 대부분은 가르치는 과목을 전공하지 않았다. 몇몇은 거의 과목의 기초지식도 없이 학생을 가르치는 경우도 있다. 하지만 이들 학원 강사의 실력은 엄청나게 빨리 는다. 강사 중에는 누가 시키지도 않는데, 하루에 10시간을 수업하고, 8시간을 공부하는 사람도 있다. 제대로 공부하고 훈련만 되면 1년 만에 억대 연봉을 받는 강사가 되는 경우도 허다하다. 왜 이렇게 차이가 날까? 그 이유는 바로 생계가 걸렸기 때문이다. 학생들에게 실력으로 인정받지 못한 강사는 학원에서 바로 퇴출당한다. 밥값도 못하는 강사를 기르는 데 돈을 쓸 원장은 없다.

어느 학원이든 초짜 강사에게 주는 초봉은 편의점 아르바이트생과 비슷하다고 보면 된다. 일은 많고, 월급은 적다. 이 초짜들은 본다. 일하는 시간은 비슷한데 스타 강사는 자신의 월급 100배를 가지고 가는 것을 말이다. 잘 가르치고 인기가 있으면 월급은 천정부지로 뛰어오른다. 학원에서의 대우도 물론 달라진다. 그렇게 높게만 보이던 실장과 원장이 도리어 스타 강사에게는 눈웃음을 치며 비위를 맞춘다. 초짜 강사에게는 무슨 조선시대 노비 대하던 것처럼 했던 사람들이 말이다. 잘 가르치는 것은 곧 월급과 지위의 차이를 만든다. 그래서 노력하고, 능력 있는 강사는 한 몇 년만 죽기 살기로 공부하고 일하면 베테랑 강사가 되는 것이다.

증권가도 똑같다. 증권 전문가는 학교 선생님과 비슷하다. 어느 정도 책임은 지지만 그리 크지는 않다. 하지만 선수들은 자신의 손에 자신과 가족의 생계가 걸려 있다. 그러니 정말 정신을 바짝 차리고 죽기 살기로 열심히 공부하고 노력할 수밖에 없다. 공부는 곧 현실을 바꾸기 때문이다. 그리고 인생을 바꾸는 거의 유일무이한 수단이 바로 공부라는 것을 안다. 공부하고 실전에서 단련된 선수를 수익률로 이길 수 있는 전문가는 없다. 그게 바로 전문가와 선수의 차이다.

전문가는 체육관 관장이고, 선수는 격투기 선수라고 보면 된다.

가르치는 것과 실전은 다르다. 체육관 관장이 실전에서 멋지게 차려입고 기합을 주며 폼을 잡고, 공중에 흩어진 기를 모으다가는 격투기 선수에게 1초 만에 KO패 당하고 만다. 머릿속으로만 상상했던 온갖 싸움의 기술과 현란한 몸놀림은 실전에서는 전혀 통하지 않는다. 실전은 차원이 다르다.

실전에서는 화려하고 수많은 기술이 필요한 게 아니다. '내가 남들보다 잘하는 몇 가지 기술'로 승패가 결정이 난다. 실전에서 쓰이는 동작은 복잡하지도 않다. 선수들끼리 붙었을 때 승부는 정말 순식간에 난다. 그래서 선수가 되기 위해서는 이론은 전문가들에게 배우고, 연습하고 익혀서 조금씩 실전을 겪으며 실력을 쌓고, 어느 정도 혼자서 살아남을 실력이 완성되면 독립해서 자신의 기술을 터득해 나가야 한다.

주식 시장은 일종의 개미지옥이자 무림이다. 살아남기만 하면 돈 걱정을 하지 않고 평생을 살 수 있다. 물론 당신이 하고픈 일을 하면서 말이다. 고수가 되면 건물주 알기를 공원 잔디밭에 있는 개통으로 안다. 고수가 되라는 말이 아니다. 주식 시장이라는 전쟁터에서 생존법만 알아도 인생을 더 자유롭고 풍요롭게 살 수 있다.

주식 투자는
시간의 예술이다

투자를 하다 보면 기다리는 것만큼 힘든 일도 없다. 컴퓨터 게임처럼 투자하자마자 결과가 나오면 좋겠지만, 주식은 몇 년을 기다려야 할 때도 비일비재하다. 참을성 없으면 주식을 안 하는 게 좋다. 1년 30%의 수익도 엄청난 수익률이다. 주식의 수익은 복리로 늘어나기 때문에 시간이 지날수록 지속적인 수익을 낼 수 있다면 돈은 어마어마하게 늘어난다. 100만 원을 투자해서 1년에 30%만 수익을 본다고 가정해보자. 2년 만에 1,808,726원이다. 대성공이다. 겨우 80만원을 가지고 뭘 그렇게 호들갑이냐고 할 수 있지만, 2년 만에 투자원금의 80%를 벌었다고 생각하면 된다. 이 정도 수익률은 워런 버핏도 내지 못한다.

그렇다면 1년에 수백 %에서 수천 % 수익을 내는 사람은 뭔가?

어쩌다 한번 그렇게 수익이 난 거지, 매년 그렇게 낸다는 것은 한마디로 거짓말이다. 만약 매년 수천 %씩 수익을 낸다면 그는 5년 안에 세계에서 제일 부자가 될 것이다.

그리고 지속해서 1년에 수백 % 수익을 낼 수 있는 사람이 미치지 않은 이상 밖에 나와 떠들고 다닐 리가 없다. 상식적으로 생각하면 금방 답이 나온다. 가끔 운이 좋아 원칙과 기술 없이 뒷걸음치다 행운을 잡을 수도 있다. 하지만 행운은 딱 거기까지다. 단언컨대 그 행운은 두 번 다시 오지 않는다.

항상 상대방의 입장에서 생각해보자. 수천 %의 수익을 올릴 수 있는 종목을 알고 있다면 당신이라면 푼돈 몇 푼에 그 소중한 정보를 넘기겠는가? 아니면 당신의 돈을 투자하겠는가? 국내 주식 시장에서 개미들 중에 돈을 버는 이는 채 3%도 안 된다. 그 3%가 바로 개미에서 진화한 '선수'들이다. 하지만 이 선수들도 투자 기술이 누군가에 의해서 오픈되는 순간, 시장에서 기술이 전혀 먹히지 않는다. 주식 시장은 세계에서 가장 머리가 좋은 사람들의 각축장이다. 천재들이 모여 돈 따먹기를 하는 곳이라는 뜻이다. 절대로 만만한 곳이 아니다. 운이 좋게 한두 번 돈을 벌었다고 주식의 법칙을 발견했다고 까불다가는 원금을 포함한 전 재산을 탈탈 털리고 말 것이다. 작은 성취와 짧은 수익으로 자신을 과대평가해서는 안 된다.

급등주 발굴 프로그램이 있다면
노벨상을 받을 것이다

급등주를 찾아내는 프로그램이 있을까?

당신이 그런 기적과 같은 프로그램을 개발했다고 가정해보자. 그러면 당신은 몇 년 안에 세계에서 제일 부자가 될 것이다. 세계 부자순위 1위 당신, 2위 빌 게이츠(Bill Gates), 3위 워런 버핏이 될 것이다. 만약 당신에게 급등주 발굴 프로그램이 있다면 다른 사람과 공유할 것인가? 아마 나라면 세상 어느 누구와도 공유하지 않을 것이다. 세계 유수의 많은 펀드들도 프로그램을 많이 사용한다. 프로그램 개발자 중에는 노벨상을 받은 사람을 포함해 대부분 미국 MIT, 하버드, 스탠퍼드 등의 박사 출신 연구원들이 많다. 한마디로 세계의 천재들이 만든 프로그램이다. 하지만 이런 천재들이 만든 프로그램도 변수에 하나만 오류가 나도 시장에서는 거의 박살이 난다. 그렇게 파산하는 펀드도 많다.

그런데 우리나라에서 누군가가 혼자 집에서 만들었는데, 급등하는 주식을 프로그램으로 뽑아낸다면 그가 곧 세계 경제를 지배할 것이다. 하지만 그럴 리도 없고, 그럴 수도 없다. 급등주니, 작전주니 하는 소리에 솔깃한 사람들은 대부분 주식 시장을 잘못 이해하고 있는 것이다. 살다 보면 가끔 예기치 못한 행운을 맞이할 때가 있다. 하지만 이 행운은 정말 잠깐이다. 그런데 그 잠깐의 행운을 원래의 삶이라고 여겨서는 안 된다.

학생들도 이런 애들이 있다. 어쩌다 운이 좋아 잘 찍었는데 찍은 문제가 다 맞을 때가 있다. 70점 맞던 아이가 갑자기 90점대까지 오를 때가 있다. 머리가 좋은 애들은 이게 다 운이고 별 의미 없다는 것을 안다. 하지만 머리가 나쁘고 게으른 애들은 이게 자신의 실력이라고 생각하고 까분다. 결국 운을 실력이라고 믿은 이들은 고등학교를 졸업하고 원하는 대학에 가지 못한다. 증권도 똑같다. 머리가 나쁜 사람은 운 좋게 급등 주식을 잡아서 큰돈을 벌면 그게 자신의 실력이라고 믿는다. 그리고 자신이 아는 지식이 엄청난 가치가 있다고 착각을 한다. 그리고 까분다. 함부로 주식을 사고판다. 그리고 곧 깡통을 찬다. 그리고 운이 나빠서 깡통을 찬 것이라고 착각한다.

'주식의 신'은 없다. 주식의 신이라고 세상에 알려진 사람들은 다 가짜라고 봐도 무방하다. 정당한 방법으로는 그렇게 수익을 올릴 수가 없다. 불법적인 주가 조작을 했을 가능성이 높다. 그리고 주가 조작도 아무나 하는 게 아니다.

투자 기법을 알려주면서 '천기누설'이라는 사람도 있다. 장담컨
대 그 말하는 사람도 실전에서 돈을 벌어본 적 없을 것이다. 잠깐 운
이 좋게 벌 때도 있지만, 그냥 초등학생이 아무것도 모르고 투자해서
수익을 볼 확률 이상은 아니다. '왜 돈을 다 까먹고 깡통을 찼나?' 고
민하다가 자신만의 투자 기법을 개발해서 그것에 '천기누설'이라는
말을 붙였을 뿐이다. 그러니 종목 발굴도 돈을 주고 할 필요가 없다.
각 증권사 최고의 엘리트인 애널리스트들이 거의 매일 리포트를 쏟
아낸다. 물론 기업의 눈치를 보느라 솔직하게 못 쓸 때가 많다. 하지
만 리포트를 잘 읽어보면 애널리스트들의 숨은 뜻을 쉽게 파악할 수
있다. 공짜로 그것도 최고의 엘리트들이 종목을 주는데, 왜 쓸데없이
큰돈을 주고 종목을 받는다는 말인가? 항상 이렇게 생각해라. '내가
저 사람 입장이라면….'

내가 수십 배 상승할 초대박 종목을 알고 있다면 다른 사람들에게
가르쳐줄 수 있을까? 원금의 수십 배를 벌 기술을 터득했다면 남들
에게 알려줄까? 펀드 사기도 마찬가지다. 저렇게 위험부담 없고 수
익이 높은데 저런 펀드가 왜 나에게까지 왔을까? 투자하기 전에 항
상 입장을 바꿔 생각해보도록 하자.

주식 시장은 완벽한
제로섬 게임이다

제로섬 게임(Zero-sum game)이란 게임에 참가하는 양측 중 승자가 되는 쪽이 얻는 이득과 패자가 되는 쪽이 잃는 손실의 총합이 0(zero)이 되는 게임을 말한다. 다시 말하면, 내가 5를 얻으면 상대가 5를 잃고, 상대가 5를 얻으면 내가 5를 잃게 되는 게임이다. 이처럼 내가 얻는 만큼 상대가 잃고, 상대가 얻는 만큼 내가 잃는, 즉 이긴 사람이 모두 가지는 게임인 만큼 경쟁은 더 치열하다. 요약하면 주식 시장은 한쪽의 이득과 다른 쪽의 손실을 더하면 제로(0)가 되는 게임이다.

가끔 뉴스를 보면 주식 시장에서 몇 조가 사라졌다고 한다. 하지만 주식 시장에서는 절대로 돈이 사라질 수가 없다. 주식 시장은 완벽한 제로섬 게임이기 때문이다. 사라진 것처럼 보이는 돈은 누군가의 주머니로 들어간 것이다. 마법도 아니고 어떻게 있던 돈이 사라질 수가 있겠는가? 누군가 잃으면 또 누군가는 반드시 그만큼 딴다. 비유하자면 공기가 들어간 풍선이라고 생각하면 된다. 한쪽 면을 손으로 누르면 그 부분은 줄어들지만 다른 한쪽은 부풀어 오른다. 그것을 제로섬 게임이라 한다.

주식은 타인의 감성을 자신의 이성으로 이해해야 한다

인간의 세상은 불확실성과 모순으로 가득 차 있고 주식 시장은 감성과 이성이 뒤섞여 있다. 주식은 감성으로 움직이고 이성으로 제어되는 곳이다. 데이 트레이딩, 스캘핑, 스윙 트레이딩 같은 기법을 쓰는 사람은 철저히 사람들의 감성을 연구하고 이성적으로 대처해야 한다. 주가가 상승하는 것은 정말 말도 안 되는 이유일 때가 많다. 그러다 멋도 모르고 감정과 분위기에 휩쓸려 투자한 사람들이 '아차' 하는 순간, 선수들은 개미들의 감성을 이성으로 해석하고 이용한다.

일반 개미가 이성을 찾기 전에 매도하는 게 단타족들이 하는 일이다. 단타(스캘핑, 데이 트레이딩)는 절대 증권 시장을 어지럽히는 존재가 아니다. 이들이 있음으로 해서 시장에 활기를 준다. 이들의 발 빠른 움직임이 사람들의 투자 감을 깨우고, 분위기를 띄운다. 이들에게 관심 받은 종목들이 나중에 시장에서 인정받고 지속적으로 상승하는 경우도 꽤 많다. 단타를 주로 하는 사람은 먼저 심리학을 공부해보길 추천한다. 주식 투자하는 사람들은 생각보다 이성적이지 않다.

바둑은 AI가 인간을 이길지 모르지만, 주식 투자에서는 인간이 반드시 AI를 이길 수 있다. 왜냐하면 주식은 인간이 감정적으로 하기 때문이다.

랜덤 워크이론(Random walk theory)

MIT 대학교 교수 폴 쿠트너(Paul Cootner)와 프린스턴 대학교 교수 버튼 말기엘(Burton Malkiel)에 의해서 널린 알려진 이론이다. 이 이론은 주가는 마치 동전 던지기처럼 무작위로 움직이기 때문에 예측하려는 노력은 모두 허사라는 이론으로, 반전 신호나 추세도 우연한 흐름으로 만들어진다는 것이다. 하버드대학 토드 부크홀츠(Todd Buchholz) 교수는 이 이론을 이렇게 설명한다.

"개 앞에 접시 두 개를 놓고 하나에는 IBM이라는 쪽지를, 다른 쪽에는 GM이라는 쪽지를 붙인다. 눈을 딱 감고 개가 고르는 회사의 주식을 사면 된다. 만약 개가 먹이를 먹지 않으면 뮤추얼펀드에 투자한다."

요약하면 주가란 마음대로 움직이는 것으로 아무도 모른다는 것이다. 이미 주가에는 모든 관련 정보가 반영되어 있기 때문에 어떤 주식이 더 낫다고 판단할 수 없다는 말이다. 주식 투자에 있어 '주가 예측'만큼 바보짓은 없다. 그렇다고 시황을 예측하는 전문가의 말을 무시하라는 뜻이 아니다. 그들의 의견을 듣는 이유는 주가가 오를 때와 내릴 때 어떻게 대응할지 작전을 미리 짜두기 위함이다.

투자는 예측이 아니라 '대응'이다. '인내력'이다. 하지만 계속 투자한 곳을 쳐다보고 있으면 인내력은 바닥을 드러낸다. 그래서 돈을 벌고 싶으면 증권은 부업으로 생각하고 본업에 충실하면 된다.

주가는 모두의 바람과 달리 반대로 움직인다

모두의 바람과 반대로 움직이는 게 주가다. 그래서 제대로 의심하는 기술인 '비판적 사고능력'이 꼭 필요하다고 말한 것이다. 좀 삐딱한 성격의 사람에게 잘 맞는 게 주식 투자다.

주식 투자는 이론과 기술을 배우고, 시장의 정보를 수집하고 선택해서 활용할 수 있는 실력을 함양 후 기술을 익히고, 연습하는 과정을 거친다. 그리고 누군가의 생각은 '자신만의 필터'를 거쳐 흡수된다. '뭔가 다른 내막이 있을 수도…', '역발상으로 보면 진실이 아닐 수도 있겠는데…'와 같이 다른 사람의 말을 들을 때 곧이곧대로 듣는 게 아니라, 다양한 각도에서 다면적인 시각으로 접근해야 한다. 남들이 '다 좋다고 할 때는 정말 나쁠 때'다. 남들이 '최악이라고 할 때는 정말 좋을 때'다. 남들이 다 가는 방향으로 가면 절벽이 기다리고 있을 때가 많다. 남들이 가지 말라고 하는 길을 가면 신세계가 있을 때도 많다.

　시장을 잘 보는 전문가나, 선수의 조언을 잘 듣는 것도 중요하다. 경제신문이나 증권 텔레비전을 보다 보면 도움이 많이 된다. 이런 전문가들의 견해에 항상 귀를 기울이고 있어야 한다. 그들의 분석이 없으면 눈을 가리고 골프 경기에 참여하는 것과 같다. 하지만 전문가가 되기를 추천하지 않는다. 보통 선수는 벤츠를 타고 다니지만, 전문가는 지하철이나 버스를 타고 다닌다. 전문가의 지식이 선수보다 수십, 수백 배 많을 수 있지만, 선수가 전문가보다 수십 또는 수백 배 돈을 많이 번다.

작전주 찾아
삼만 리

누군가 방송에서 작전주에 대해 말하고 있는 것을 봤다. 정말 헛웃음만 나왔다. 작전주를 그래프를 보고 알 수 있다고 했고, 거래량을 보고 판단할 수 있다고 했다. 정말 작전에 대해서는 1도 모르는 가짜 증권 전문가였다. 작전 기술자들이 하는 작전은 그들이 타깃 종목을 한번 해먹고 나와도 누구도 그게 작전주였다는 것을 모른다.

작전 기술자들은 그들이 지나간 흔적을 남기지 않는다. 오해가 생길 수 있어 다시 말하지만, 작전을 하는 기술자들은 따로 있다. 나도 사실 이들을 몇 번밖에 본 적 없다. 그리고 제의를 한 번 받기는 했지만 거절했다. 이들은 기상천외한 방법을 다 사용한다. 전형적인 작전은 주로 돈을 대는 전주, 작전 대상인 회사의 대주주, 그리고 작전 기술자들, 이렇게 크게 세 부류로 나눌 수 있다. 딱 정해진 규칙이 없다. 하지만 단 한 가지 분명한 것은 그들이 지나간 자리는 흔적이 남지 않는다. 중간에 멤버 중 배신자가 생기지 않는 한 개미들의 눈에 작전이 보일 리는 만무하다.

증권사를 그만두고 한 1년쯤 지나서 아는 부장에게 전화가 왔다. 여의도에 근무할 때 안면이 있던 부장이었다. 내 전화번호를 어떻게 알았는지 물으니 과거 지점 동료들에게 물어봤다고 했다. 그는 예전에 회식을 자주 하던 횟집에서 보자고 했다. 무슨 일인지 대충 짐작이 갔다. 하루 수고비와 차비는 줄 테니 꼭 보자고 했다. 작전 선수를 모으고 있는 느낌이 들었다. 그냥 바람이라도 쐴 겸 해서 오랜만에 여의도에 갔다. 부장과 잠시 인사를 나눠야 하는데, 무슨 말을 해야 할지 생각이 나지 않았다. 같은 회사에 다녔지만, 오다가다 몇 번 말한 사이이고, 회식 때 한두 번 인사한 사이라서 서먹했다.

횟집에 들어갔다. 손님이 한 분 오실 거라고 했다. 좀 지나니 배불뚝이 중년 아저씨 한 명이 들어왔다. 난 개인적으로 배 바지처럼 입는 것을 무척 싫어하는데, 누가 봐도 명품 티가 나는 흰색 티셔츠와 명품 벨트, 흰 배 바지를 입은 사람이 들어왔다. 딱 봐도 전주였다. 본의 아니게 전주에게 면접 보는 날인 것 같았다. 아마도 배 바지를 입은 것은 명품 벨트를 보여주기 위해서가 아닌가 싶었다. 성격이 좀 삐딱한 편이라 한마디하고 일어나고 싶었지만, 일단 그냥 참았다. 드디어 무슨 회가 나왔는데 생선 대가리도 같이 나왔다. 그 생선은 눈을 깜빡이고 있었다. 생선에게 너무 미안했다. 어떻게 눈을 깜빡이는 생선의 살을 먹을 수 있겠는가? 그래서 미안한 마음에 깻잎으로 눈을 가렸다.

하나부터 열까지 모두 마음에 들지 않았다. 특히 그 전주가 먼저 소주를 한잔하고, 그 소주잔을 티슈로 대충 닦는 시늉만 하고 내게 줬다. 그런데 그 잔에 빨갛고 큰 고춧가루가 묻어 있었다. 너무 더러워 술잔을 받을 수 없었다. 그래서 전주에게 내가 요즘 한약을 먹고 있어서 술을 마시지 못한다고 둘러댔다.

술자리가 끝나고 들었는데, 아까 그 배 바지가 총알을 1,500개를 가지고 있다고 말했다. 깜짝 놀랐다. 총알 1개가 1억 원이다. 이런 사람이 보통은 전주다. 이렇게 돈을 대는 전주와 작업을 할 타깃 기업의 대주주가 반드시 참가해야 한다. 그래야 내부 정보를 만들어내고 퍼트릴 수 있기 때문이다. 그리고 기술자가 몇 명이 더 참가한다. 이것이 작전의 인적 구성요소다.

작전이 전공 분야도 아니고, 일단 잘 모른다. 그리고 하고 싶지도 않아서 결국 참여하지 않았다. 이런 사람들을 다른 말로 '세력'이라고도 한다. 이들은 인내심을 가지고 오래 작업을 한다. 그래서 아무도 모른다. 정말 며느리도 모른다. 그리고 크게 한탕 하고 뜨는 게 아니라 이들은 조금씩 조금씩 많이 오래 해먹는다. 그래야 흔적이 남지 않기 때문이다. 작전에 맨날 당하는 개미들은 "이상하게 이 종목만 들어가면 꼭 손해를 봐"라고 투덜거리며 손실을 본다. 차트만 보면 정말 쉽게 예측해서 수익을 볼 수 있을 것 같은데, 이상하게 매수만 하면 역공을 당하고, 손절매하게 만들며, 손절하면 올라가서 꼭지를 찍는다. 작전 세력들이 자주 해먹는 주식은 거래량도 장기적으로 봤을 때 그리 크게 차이가 나지 않는다.

표시 나지 않게 조금씩 매집해두고 루머를 퍼트려 개미들이 달려들게 만들어 거래량을 늘리고 자연스럽게 단타족이 몰리게 한다. 한번에 단타족을 털어내고 매집한다. 그리고 참을성 있게 조금씩 작업을 해서 물량을 매집한다. 매집이 끝나면 대주주를 이용해 '실적개선, 신규계약, 합병, 특허, 허가, 인증, 등록, 개발' 등의 소문을 낸다. 세상에서 소문을 만들어내는 게 제일 쉽다. '○○질병 연구개발 착수'라는 말만 흘려도 주가가 요동친다. 루머만으로도 주가를 80%까지 올릴 수 있다. 그리고 착수만 하고 시행하지 않아도 상관없다. 착수한다고 했지, 투자해서 진짜 개발한다고 하지 않았으니 말이다. 여하튼 이렇게 대주주를 포함한 작전 세력은 소문을 만들어내고 주가를 올린다.

작전의 고수는 흔적을 남기지 않는다

어떤 투자자는 작전주를 찾아다니고, 또 어떤 투자자는 작전주를 피해 다닌다. 두 부류 다 주식에 대해서는 무지한 사람들이다. 작전주는 찾아다닌다고 해서 찾을 수 있는 것도 아니고, 피한다고 피할 수 있는 것도 아니다. 전문 선수들이 하는 정밀한 작전은 흔적이 남지 않는다. 전주, 대주주와 담당 증권사 지점 직원, 선수들 몇 명만 그 사실을 알 뿐이다. 이들의 작업은 너무나 정교해서 여러 관련 기관을 비롯한 누구도 발견할 수 없다.

허접한 아마추어들 몇 명이 돈 몇 푼 가지고 다 망해가는 회사 주식으로 작전을 할 때도 있다. 부도 직전의 기업 주식으로 그 회사 대표와 짜고 장난친 후에 회사 문을 닫아버리는 것이다. 누적 손실로 거의 자본 잠식된 회사로 엉터리 작전을 하는 아마추어들도 있다. 이것은 작전도 아니다. 다시 말하지만 세련된 작전에 당한 개미들은 자신들이 작전에 당한지도 모른다. 거의 예술의 경지라 할 만하다. 워낙 알려지지 않은 작전 방법들이 많아서 나 또한 잘 알지는 못한다. 그리고 지금은 작전 기술이 예전과는 아주 다를 것으로 생각한다. 예나 지금이나 변하지 않는 한 가지는 바로 '고수는 흔적을 남기지 않는다'는 것이다. 누가 봐도 작전인 것은 작전이 아니다. 야단법석 난장판일 뿐이다.

가끔 투자하다 보면 운이 좋게 작전주를 잡을 때가 있다. 하지만 그것은 정말 운일 뿐이다. 같은 행운은 반복되지 않는다. 그때는 그냥 운이 좋았다고 여기면 된다. 주식에서 성공을 원하면 원칙으로 매매해야 하고 행운을 바라서는 안 된다. 인생에서 행운만 제거해도 삶이 정확히 보인다. 작전주를 찾아다니면 실력은 늘지 않고 요행만 바란다. 장기적으로 봤을 때 손실만 입게 된다.

Part

7

원칙 세우기

라면집에서 주식 투자의
원칙을 깨닫다

신림동에서 고시를 준비할 때 법학원에 다녀오다 보면 라면집이 하나 있었다. 어느 구석 허름한 원룸처럼 생긴 건물 1층에 있는 라면집이었다. 골목 구석이라 누가 일부러 찾지 않는 한 찾아가기 힘든 그런 곳이었다. 그 라면집은 고시원에서 법학원으로 가는 지름길에 있어 여러 번 보기만 했다. 라면은 좋아했지만, 그 가게가 워낙 허름했고, 밖에서 보기에 깨끗해 보이지 않았기에 들어가서 먹기가 좀 꺼림칙했다.

하루는 학원에서 저녁 늦게까지 보강을 했다. 점심을 굶어 배가 너무 고팠는데 이미 고시원의 저녁 시간이 지나 어쩔 수 없이 가다가 눈에 걸리는 곳 아무 데나 들어가서 대충 먹기로 했다. 하지만 고시원으로 가는 길에는 정말 먹을 데가 없었다. 그때 마침 그 라면집이 눈에 들어왔다. 어차피 고시원 쪽으로 더 가봐야 식당은 없었다. 기왕에 이렇게 된 거 그냥 그 허름한 라면집에 가서 대충 한 끼 때우기로 했다.

그런데 그 가게에 들어서자마자 두 가지를 보고 깜짝 놀랐다. 하나는 라면의 숫자였다. 무슨 책꽂이 같은 선반에 라면이 책처럼 빼곡히 꽂혀 있었다. 그것도 한 종류만 꽂혀 있었다. 그리고 또 놀란 것은 건물 밖에서는 안 보였는데 손님이 의외로 많았다. 고시원에서 눈인사하던 장수생 형님들도 좀 있었다. 장수생 형님들이 찾는다는 것은 맛집이라는 증거이기도 했다. 자취 생활을 꽤 오래한 터라 라면에는 나름의 자부심이 있는 나였다. 라면으로 정말 별의별 짓을 다 해봤다. 그리고 어느 정도 라면의 경지에 올랐다고 자부했다. 잠시 후 뽀글뽀글 파마를 한 할머니께서 주문하겠냐고 물었다. 그 할머니가 주인인 것 같았다. 메뉴는 고를 것도 없었다. 그냥 '라면하고 김밥' 두 개밖에 없었다.

"할머니, 라면 하나랑 김밥 하나 주세요!"
"김밥 한 줄 말고, 정말 하나만 줘?"

갑작스러운 드립에 마시던 물을 '푸' 하고 뿜었다.
그리고 금방 라면이 나왔다. 별것 없었다. 그런데 한입 먹는 순간 알 수 있었다.

'이건 고수의 손길이 느껴지는군!'

정말 맛있었다. 라면뿐만 아니라 김밥도 맛있었다. 옛날에 엄마가 해준 김밥 맛이라고 할 수는 없었다. 왜냐하면 우리 엄마는 김밥을 정말 못 싸고 맛도 없었다. 그래도 표현하자면 흔히 사람들이 말하는 '엄마가 만든 김밥 맛'이었다. 우연히 라면 맛집을 발견한 것이었다. 그리고 진작 이 가게에 오지 않은 것을 후회했다. 허우대 멀쩡한 라면집에 많이 가봤지만, 정말 인테리어 말고는 멀쩡한 게 하나도 없었다. 그런데 이렇게 허름한 가게가 라면 맛집이라니 새삼 놀랐다. 밖에서 가게를 보면 마치 '여기 들어오지 마세요'라고 하는 듯한 인테리어였다.

사람이든, 가게든 '허우대 멀쩡하다고 제대로 된 것은 아니다'라는 것을 깨달았다.

그리고 그 가게에 단골이 되었다. 일주일에 3~4번은 꼭 갔다. 고시원의 밥이 너무 맛이 없어 자주 라면 생각이 났다. 특히 고시원의 국은 '마법의 국'이었다. 김치찌개, 된장찌개, 콩나물국, 배춧국 등등 수많은 국이 나왔지만, 국물 맛은 정확히 똑같았다. 정말 눈 감고 먹으면 무슨 국일지 모를 정도였다. 종류는 다르지만 매일 똑같은 국을 먹다 보니 할머니가 끓여 준 라면이 먹고 싶었다. 그래서 자주 갔고, 손님이 없을 때는 할머니와 이런저런 이야기도 하며 친해졌다.

그러던 어느 날, 고시를 그만두고 유학을 떠나기로 했다. 그래서 짐을 고향 집으로 보내고 마지막으로 라면집에 들렀다. 그리고 라면을 먹으며 당분간은 못 올 거라고 이야기했다. 그러자 라면집 할머니도 조만간 가게를 그만둘 생각이라고 했다. 마음이 좋지 않았다. 조금은 울컥했다.

"할머니, 제가 먹어본 라면 중에 할머니가 끓이신 라면이 제일 맛있었어요. 비법 좀 알려주세요."
"그래. 여태 누구한테 이야기한 적 없는데, 학생한테만 알려줄게."

그게 뭐라고, 갑자기 가슴이 심하게 요동쳤다.

"화력이 센 불에 라면을 끓여."

그 말을 하고 할머니는 나를 빤히 쳐다봤다.

"그리고요?"
"그게 다야!"
"그러면 라면 끓이는 방법은요?"
"라면 봉지 뒤에 설명서 있잖아. 그냥 그대로만 하면 돼."

정말 어이가 없었다. 라면 맛집의 비밀이 고작 라면 봉지 뒤에 있는 레시피대로 끓이는 거라니. 그리고 고향 집에 도착하자마자 라면집 할머니가 말씀하신 대로 똑같은 라면을 사서 강한 불로 설명서대로 끓여봤다. 정말 라면집 할머니가 끓인 맛하고 똑같았다. 그리고 또 끓여서 엄마에게 먹어보라고 했다. 엄마가 라면을 끓이면 물을 너무 많이 넣어 한강에 배 띄운 것처럼 끓였다. 그래서 어릴 때부터 우리 가족은 라면은 맛없는 것이라는 고정관념이 있었다. 안 먹겠다고 손사래를 치던 엄마가 한입 먹어보고는 너무 맛있다며 난리였다. 그 후 미국에 유학 가서 한인 유학생들에게 라면을 끓여준 적이 있다. 애들이 너무 맛있다면서 울먹이며 먹었다. 지금도 라면 끓이는 것은 자신이 있다. 왜냐하면 내게는 원칙이 있기 때문이다.

봉지 뒷면 조리법을 보면 '물 500mL를 끓인 후 면과 분말수프, 후레이크, 야채조미유를 같이 넣고 4분 30초간 더 끓인 후 드십시오'라고 되어 있다. 그냥 그대로 하면 된다. 하지만 정말 많은 사람들이 라면을 조리법대로 끓이지 않고 지레짐작으로 물을 조절하고 대충 한다.

'물 500mL는 너무 많아. 또는 너무 작아', '끓이는 시간 4분 30초는 너무 길어' 등 조리법대로 하지 않고 그냥 눈대중으로 자기 생각대로 끓여서 맛이 없는 것이다.

언제 라면을 먹을지 모르니 우리 집에는 항상 계량컵을 사둔다. 만약 여행을 가서 라면을 먹을 일이 있으면 콜라 500mL 패트병을 사용한다. 이렇게 조리법대로 하다가 조금 짜게 먹는 사람에게는 480mL를 넣고, 조금 싱겁게 먹는 사람에게는 520mL로 조절해준다. 원칙은 500mL다.

라면에는 조리법이 있고, 주식은 투자 원칙이 있다. 이 둘의 원리는 완전히 똑같다. 주식을 하면서 투자 원칙이 있으면 시장 상황이 아무리 변하고, 어려워도 두렵지 않다. 그냥 원칙대로 내가 유리한 때 내가 원하는 가격으로 주식을 매수한다. 그리고 매수가에서 −15% 손실을 보면 로스컷 하면 된다. 손절매의 기준은 단타, 스윙, 장기 투자에 따라 다를 수 있지만, 이 책에서 말하는 로스컷 기준은 스윙 트레이드 내지는 장기 투자의 기준이다. 나는 스윙은 10~15%, 장기 투자는 15~20%로 잡는다.

두루뭉술하게 로스컷 기준을 잡지 말고 정확히 확정하는 게 좋다. 나의 경우는 그냥 정확히 15%다. 손실 −15%가 나면, 만약 이 종목이 내일 상한가를 찍을 주식이라고 하더라도 반드시 손절매한다. 앞에서 로스컷의 중요성에 대해서는 많이 이야기했다. 또 로스컷에 대해 말하는 것은 주식 투자에서 제일 중요하기 때문에 반복해서 언급하는 것이다. 담배를 피우는 사람은 폐암으로 죽을 때가 되어서야 금연의 중요성을 깨닫고, 주식 실패자는 두 번 다시 회복할 수 없는 지경에 와서야 로스컷의 중요성을 알게 된다. 로스컷만 잘해도 선수가 될 수 있다.

당신이 주식 경력 5년 미만의 초보라면 앞으로 몇 년간은 그냥 원칙대로만 매매하면 된다. 그러다 여러 기술을 아는 정도가 아니라 그 기술이 몸에 완전히 습득되면 그때 조금씩 원칙에 변형을 가해 보는 것이다. 그래야 이 험난한 시장에서 살아남을 수 있다. 먼저 주식 시장에서 오래 살아남아야 돈 버는 방법도 배울 수 있다. 로스컷을 못 해 자주 시장에서 퇴출당하면 그만큼 연속성이 없어져 배울 기회를 잃어버리게 된다.

구조화된 주식 매매 시스템의
원칙을 구축하라

주식 매매에는 확고한 원칙이 있어야 한다. 원칙이 없는 매매는 손실만 키우고 부작용만 남는다. 원칙과 기본에 충실하면 시장 분위기와 투자자의 감정에 영향을 받지 않는다. 다시 말하지만, 깡통의 덫을 피하기 위해서는 100% 원칙을 세워야 한다. 원칙이 없는 손실은 경험이 아니라 손실만 더 악화시키기 마련이다.

잠재 무의식 속에 남아 있다가 과거와 비슷한 상황에 놓일 때 앞으로 어떻게 행동해야 할 것인지 지침을 내려주는 게 경험이 하는 역할이다. 이런 주식 시장에서의 경험과 지식을 모아 수익을 볼 수 있게 체계화시킨 것이 '원칙'이다. 원칙이란 비슷한 상황에서 수익을 보기 위해 반복적으로 적용될 수 있는 것을 말한다. 하지만 앞으로 닥칠 시장 상황이 과거와 완벽히 똑같을 수는 없다. 그래서 원칙은 과거에 경험해서 아는 것보다는 미래에 알 수 없는 상황에 어떻게 대처해야 하는지를 이해하는 것이다. 주식 투자에 원칙이 없다면 매번 모든 상황을 마치 처음 경험하는 것처럼 대처해야 한다. 하지만 원칙이 있다면 현재 상황을 유형별로 분류하고 어떻게 하면 원하는 결과를 만들어낼 수 있을지에 관한 대응 방식을 빨리 결정할 수 있다. 원칙은 옳은 결정을 더 쉽고, 더 정확하며, 더 빨리 내릴 수 있게 해준다. 주식으로 성공하는 사람들의 대부분이 이런 '원칙'에 따라 움직인다.

자신만의 투자 원칙을 만들어야 하는 이유

한마디로 말하면 '같은 실수를 다시는 반복하지 않기 위해서'다. 어제와 같은 일을 반복한다면 어제와 같은 실수가 그대로 이어질 뿐이다. 그리고 원칙은 진화한다. 원칙대로 했는데 실패했다면 당신은 잘못된 원칙을 가지고 있는 것일 수도 있다. 원칙 매매를 하려면 반드시 자신이 한 매매를 정확히 기록으로 남겨야 한다. 매수나 매도를 했다면 왜 그랬는지 의사결정의 기준을 기록하고, 그로 인해 얼마나 이익을 얻었고, 손실을 봤는지도 기록하고 생각해봐야 한다.

상승 물타기로 투자의 결정을 시스템화하라

주식 시장에서는 자신을 믿을 게 아니라, 당신이 만든 그 구조화된 투자 결정 시스템을 믿어야 한다. 원칙들이 모여 '**구조화된 투자**

결정 시스템'을 만든다.

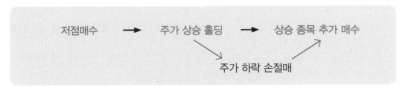

상승 물타기 구조 시스템

순환이 몇 바퀴 돌아가면 투자 일지를 보고 피드백한다. 이것을 '빠른 학습의 피드백 순환고리(Feedback loop)'라고 한다.

선수들이 조언하는 '주식 투자의 원칙'을 정리해보면 다음과 같다.

첫째, 저점에 분할 매수한다.
둘째, 정해놓은 로스컷 비율을 반드시 지킨다.
셋째, 상승 물타기로 주식 종목을 줄인다.
넷째, 남들이 다 시장이 좋다고 말하면 그때 다 팔아버린다. 그리고 다시 때를 기다린다.

일단은 이렇게 고수들의 원칙을 그대로 따라 하되, 때가 되면 자신의 방법을 개발하면 된다. 하지만 개발비용과 시간이 엄청나게 들 것이다. 원칙은 행동할 때마다 그리고 결정을 해야 할 때마다 그것들을 처음부터 새로 시작해야 하는 번거로움에서 해방시켜준다.

주식에 대한
잘못된 환상을 버려라

누구나 얻어맞기 전까지는 계획을 세우고 있지만, 얻어맞으면
쥐처럼 공포에 떨고 얼어붙을 것이다.

- 마이크 타이슨(Mike Tyson)

보통 사람들은 운 좋게 수익을 한 30% 보면 마치 자신이 천재가
된 듯한 착각에 빠진다. 그리고 그 운이 영원히 지속할 것으로 생각
한다. 수익률 30%가 곧 300%가 되고, 3,000%, 30,000% 이상 늘어
날 거라는 즐거운 상상에 빠진다.

'어제 텔레비전에서 추천하는 주식을 샀는데 수익이 이렇게 높았
어. 다음에도 같은 방법대로만 하면 계속해서 이렇게 수익이 나올 거
야'라고 착각한다. 정말 착각이고 망상이다. 이번에 운 좋게 본 30%는
다음에 40%의 손실로 돌아온다. 결과적으로 10% 손실을 본 것이다.

주식에 대한 지식, 매매 기술과 원칙, 그리고 경험이 없으면 손실은 명명백백하다. 물론 처음부터 자신만의 원칙이 있을 수는 없다. 처음에는 전문가가 소개하는 방법을 응용하지 않고 따라 해보는 게 좋다. 물론 시간을 가지고 따라 해야 한다. 딱 몇 주 해보고 '아, 이건 아닌 것 같아'라고 하면 안 된다. 적어도 2년 이상은 소액으로 그대로 따라 해봐야 한다. 단기간에 주식 투자 고수가 되려고 해서도 안 된다.

혹시 골프를 배워봤는가? 처음 연습장에서는 똑딱이만 한다. 하다 보면 '내가 이 짓을 왜 하고 있나?' 싶다. 생각 같아서는 연습장에서 멋지게 드라이브로 풀 스윙을 하고 싶은데 프로는 맨날 똑딱이만 시킨다. 그래서 용기를 내서 티칭 프로에게 물었다.

"며칠 되지 않았지만, 이제 '똑딱이' 그만하고 다음 단계 가르쳐주면 안 되나요?"

그러자 프로는 "그럼 마음대로 한번 쳐 보세요"라고 했다. 왠지 내 머릿속으로 생각한 모습대로 하면 훨씬 더 잘 쳐질 것 같았다. 그리고 내 생각대로 온종일 쳐봤다. 하지만 실력은 1도 늘지 않았으며, 지루하고 짜증이 났다. 연습장 동기들의 실력은 일취월장하는데 내 실력만 제자리였다. 나는 학습의 ABC단계를 잊고 있었다.

'ABC단계'란 A는 Accept(받아들임), B는 Break(깨고 나옴), C는 Creative(창의성 발휘)를 말한다. 사실 상위 2%까지는 A단계만 해도 충분하다.

주식 또한 마찬가지다. 배움 단계(A단계)가 98%다. 뭔가 자신만의 방법이 있는가? 실패할 확률이 거의 99%다. 주식 투자의 기본도 배우지 않고 혼자만의 방법을 만든 것이다. 선수들은 A → B → C 단계로 나아가지만, 세월이 흘러도 영원한 초보로 남아 있는 개미들은 C → C → C 단계만 반복할 뿐이다.

구구단도 외우지 않고,
미적분을 풀려는 사람들

생각보다 주식 시장을 착각하는 사람들이 많다. 이들은 마치 "나는 비록 구구단도 못 외지만 미분, 적분은 풀 수 있어. 수능 수학에서 만점 받을 수 있어"라고 말하는 것과 같다. 이는 주식 투자가 돈 욕심만 있으면 성공할 수 있다고 착각하는 사람들이다. 왜 주식을 공부하지 않고 잘할 수 있다고 생각하는 것일까? 공부하지 않는 사람은 그 자리에 멈춰 선 사람이고, 공부하는 사람은 성공을 향해 계속해서 걸어가는 사람이다. 공부를 하면 위기를 가뿐히 극복하고, 오히려 기회로도 바꿀 수 있다.

어떤 이들은 "부모님이 증권회사에 근무해서 금융에 밝다느니,자신이 은행에 수십 년 근무해서 주식에 대해서는 훤하다느니, 회계사라서 주식 전문가라느니, 변호사라서 알 것은 다 안다" 같은 어처구니없는 말들을 한다. 이런 말은 "서울대 입학은 하지 않았지만, 서울대 근처에 살았기 때문에 졸업한 거나 진배없다"는 말과 같다.

　이들 또한 자칭 전문가들이다. 누가 이들에게 주식 전문가라는 타이틀을 줬을까? 그것은 그냥 자기 자신이 스스로에게 준 전문가 자격이다. 실제 전문가들은 겸손하다.

　아마추어가 스스로 전문가라고 착각하면 자신의 잘못된 투자법을 신뢰하고 믿음과 신념을 가진다. 그리고 자기가 모른다는 사실과 새로운 것들에 대해 방어적이기까지 한다. 그래서 이들은 자신이 주식을 누구보다 더 잘 안다고 착각한다. 하지만 투자에는 소극적이다. 왜냐하면, 이런 개미는 주식 투자만 하면 돈을 다 까먹는다. 그래서 이들은 가끔 조금이라도 벌면 주변에 자랑하기 바쁘다.

　"거봐! 내가 말한 대로 주가가 흘러가지. 내 이럴 줄 알았어. 내 손바닥 안에 있다니까"라는 말을 하며 자칭 전문가는 마치 개선장군이 된 것처럼 잠시 의기양양하다. 하지만 얼마 가지 않아 수익 본 돈과 원금까지 다 까먹는다. 수익을 본 것은 동네방네 떠들고 다니지만, 손실 본 것은 절대 어디 가서 이야기하지 않는다. 자신이 주식 투자 전문가라고 다 이야기하고 다녔는데 돈을 다 날렸다고 하면 거짓말쟁이가 되기 때문이다.

　자칭 전문가 개미는 어쩌다 한번 수익을 보면 그 방법으로 지속해서 비슷한 수익률을 올릴 수 있을 것으로 생각한다. 천만의 말씀이다. 그래서 주식은 제대로 공부하고 경험을 해야 한다. 책에서 얻은 지식은 실전 경험과 만나고 숙성되면 시장에 대한 통찰력이 생겨난다. 책만 너무 많이 읽어도 문제다. 실전에 가서는 무슨 기법을 써야 할지 모른다. 책과 현실은 다르다. 지식과 현실적 경험이 접목되고 갈무리되어야 균형적인 시각으로 시장을 객관적으로 볼 수 있는 능력이 형성된다.

훌륭한 선수는 시장의 온갖 어려움을 돌파하고 지금의 실력으로 올라왔지만, 이들 역시 과거에 실수를 저질렀고, 실패를 경험했다. 다만 그 과거 속에서 무언가 유익한 것을 찾아 지식과 경험으로 쌓은 것이다. 실패는 부끄러운 것도, 두려워할 것도 아니다. 실패는 피하고 후회하는 것이 아니라, 살피고 반성하고 극복해야 한다. 한두 번 실수는 경험이지만, 같은 실수를 반복하는 것은 실패다.

"이건 비밀인데요."
그럼 혼자만 알고 계세요

코스닥에 상장된 A회사의 연구원에게서 들었다.

"이건 비밀인데요. 우리 회사에서 조만간 뭘 개발했다는 소식이 나올 거예요. 어떻게 차명계좌로 우리 회사 주식을 살 방법이 없을까요?"

사실 이런 이야기는 주식 상담을 하다 보면 심심치 않게 들을 수 있다. 그래서 내가 대답했다.

"그냥 혼자만 알고 계세요. 내부 정보를 이용해서 주식을 매수하셨다가 나중에 발각이라도 나면 회사를 그만두고 법적인 책임까지 지셔야 하는 경우가 생깁니다. 그리고 내부 정보라고 해서 다 주가에 영향을 미치지 않습니다."

"회사 내부에 몇 명만 아는 고급 정보인데요?"

"지금 고객님이 다니는 A회사의 주가는 전혀 오르지 않고 있습니다. 지금 루머가 돌고 있는데 주가가 오르지 않는다는 것은 재료가 주가에 반영되지 않을 확률이 높습니다. 주가가 오르기 위해서는 재료가 주가에 반영될 환경이 만들어져야 하는데, 그렇지 않으면 아무짝에도 쓸모없는 재료입니다."

"왜 그렇지요?"

"왜냐하면 주가는 투자자의 관심을 먹고 자라기 때문이죠. 먼저 사람들이 관심을 가져야 합니다. 지금처럼 어떤 특정 테마주들이 시장을 휩쓸고 있을 때는 단타족들에게 관심을 끌기가 힘듭니다. 아무리 우량주라도 주가가 마치 박힌 돌처럼 꼼짝도 하지 않는 종목들이 있습니다. 이런 종목은 사람들이 관심을 두지 않아서 그렇습니다. 일종의 소외주죠. 지금 A회사가 그렇습니다."

A종목은 일종의 왕따 주식이다. 이 주식들은 다른 종목이 다 올라도 오르지 않고, 내려도 그리 큰 폭으로 내리지 않는다. 무관심 주라고 봐도 된다. 회사 내부자나 담당 회계사가 내부 비밀을 안다고 해도 투자자들의 주목을 못 받으면 '말짱 꽝'이다. 많은 사람이 자기 회사의 내부 정보를 가지고 차명으로 몰래 주식을 매입하지만, 실제로 그 정보로 돈을 버는 게 아니라 매수 타이밍을 잘못 잡아서 도리어 돈만 날리게 되는 경우가 허다하다.

내부 정보를 가지고 있다면 정말 큰돈을 벌 수 있을까?

가끔 모 정치인이 어느 회사 주식을 내부 정보를 이용해 매수했다느니, 기업의 비밀을 잘 아는 변호사가 내부 정보를 이용해 주식을 샀다느니, 또는 회계사가 업무 중 알게 된 정보를 이용했다느니 하는 말을 듣는다. 그런데 검경이 불법행위를 한 그들의 계좌를 아무리 열어봐도 돈 번 사람이 별로 없다. 그들은 도리어 "그 회사 주식을 사고 손해만 봤다"고 말한다. 그렇게 중요한 내부 정보를 이용했다면 수익을 봤어야 하는데 왜 손해를 봤다고 이야기할까?

사실은 내부 정보를 이용해서 주식을 사봐야 돈 벌 확률은 높지 않다. 만약 그런 방법으로 돈을 벌었다면 회사 연구원들이나 기업 담당 변호사와 회계사는 아무도 모르게 차명으로 주식을 살 수 있으니 다 재벌이 되었어야 한다. 하지만 그런 경우는 별로 없다. 왜냐하면 내부자들 입장에서는 정말 중대한 내부재료이고, 그게 시장에 흘러나가면 엄청나게 주가가 올라갈 것으로 예측하지만 현실에서는 가치 없는 찻잔 속의 태풍에 불과할 때가 더 많기 때문이다.

그리고 재료가 반영되지 않으면 빨리 매도하고 빠져나와야 하는데, 이들은 미련을 못 버리고 보유하고 있다가 매도할 시기를 놓쳐 도리어 큰 손해를 본다. 내부 정보로 주가를 올리려면 그 기업에 대한 사람들의 관심이 있어야 한다. 관심 없이 재료만 있으면 그 종목은 단타족들의 놀이터가 되어버리고 거래량만 늘어나다가 힘만 다 빠진다. 이렇게 되면 기존에 주식을 가지고 있던 사람들이 이익을 실현하는 바람에 주가는 더 이상 오르지 않는다.

'좋은 재료만으로는 주가를 올릴 수 없다.'

왜냐고? 원래 회사의 연구원이나 기술자들은 자신이 연구한 것, 만든 것에 대해 일반적으로 과대평가하기 때문이다. 외부에서 객관적으로 보면 별것도 아닌데, 그들 눈에는 그렇게 보이지 않는다. 내부자들은 소비자에게 선도 보이지 않은 제품을 이미 베스트셀러가 되었다고 상상한다. 하지만 소비자들은 그 신기술을 품은 제품이 출시가 되어도 전혀 관심도 없다. 제조자 입장에서는 획기적이고 혁신이지만, 시장에서는 쓸데없는 기능만 잔뜩 넣은 쓰기 복잡한 제품이라고 평가받기 일쑤다. 그러니 재료가 오픈되어도 주가는 오르지 않고, 내부 정보를 이용해 주식을 샀지만 도리어 손해를 보게 되는 것이다.

주식 시장은 그리 단순하지 않다. 정보가 있으면 소문을 낼 사람도 있어야 하고, 대주주도 주가에 관심이 있어야 한다. 그리고 선수들도 여럿 붙어야 한다. 누군가 호객꾼처럼 투자자를 모아야 한다. 그러니 어쩌다 내부 정보를 알아도, 몰래 친척 명의로 차명계좌를 만들어 투자해도 소용없는 것이다. 돈은 돈대로 날리고, 재수 없으면 형사처벌을 받을 수 있으며, 나중에 두고두고 망신당할 수도 있다.

이런 정보를 찾을 시간에 실력을 더 기르는 게 현명하다. 어차피 정보 매매는 뜬구름이다.

정보 사냥꾼이
지라시를 만든다

증권사에 돌아다니는 소문은 정보 사냥꾼들이 수집하고 퍼트린다. 일명 '증권사 지라시'를 만들어내는 사람들이다. 예전에는 증권맨들이 주로 사용하는 메신저가 있었다. 일정 금액을 내면 실시간 지라시가 메신저로 들어왔다. 그리고 받은 지라시를 다른 직원들에게 보냈다. 보통은 기업 정보보다 연예인 정보가 더 많았다. 심할 때는 어느 배우가 지금 어느 호텔 주차장에 차를 대고 있다는 소식까지 실시간으로 들어왔다. 이들의 정보력은 실로 막강하다. 정보원이 한두 명이 아니라서 중복 체크까지 가능했다. 이 정보 사냥꾼들이 붙으면 해당 주식 거래량이 폭발한다. 정보 사냥꾼은 기업 정보 지라시가 들어오면 바로 매수하고, 공시가 뉴스에 뜨면 즉시 팔아버린다. 이들은 절대 주식을 오래 가지고 있지 않는다. 이들도 안다. 잠깐 재미 보고 팔아야지, 계속 가지고 있기는 위험한 폭탄이 되어 돌아온다는 것을 말이다. 그래서 뉴스에 공시가 뜨자마자 아무것도 모르는 초보 개미들에게 싹 다 팔아넘긴다.

웃긴 것은 개미들은 공시가 TV에 나오면 해당 주식을 매수하기 시작한다. 고객 중에 어느 ○○은행에 근무하는 직원이었는데 어느 날 내게 이런 말을 했다.

"온종일 지점 객장에 뉴스를 틀어놔서 텔레비전을 볼 수밖에 없어요. 그래서 뉴스에서 무슨 기업 공시가 나오면 바로 그 주식을 매수했는데 항상 손실만 봤어요."

이런 순진한 개미들은 정보 사냥꾼들이 다 털고 나간 주식을 모조리 받는다. 누군가 당신에게 내부 정보라며 무슨 종목을 알려줬는가? 그것은 당신이 물량 털기 '호구 모집' 광고를 들은 것이다. 내부 정보에 관한 소문이 당신의 귀에 흘러 들어갔다면 대한민국 모든 사람이 다 들었다고 생각하면 된다.

누군가 당신에게 작전주에 대한 정보라며 속삭였는가? 그것은 그가 당신의 귀에 '호구'라고 속삭인 것과 같다. 그렇게 대박 비밀 정보를 가지고 있으면, 본인이 직접 그 주식을 살 일이지 그것을 왜 당신에게 알려주겠는가? 작전주의 정보는 당사자 몇 명 말고는 이 세상 누구도 알 수 없다. 당신이 들은 소문은 세력이 만든 루머를 정보 사냥꾼들이 먹고 버린 정보다. 아직 공시는 안 나왔지만, 먹을 사람 다 뜯어 먹고 못 먹는 부분과 상한 부분만 남은 쓰레기 정보다. 그 쓰레기를 먹는 순간, 최소 배탈 날 각오는 해야 한다. 그러니 내부 정보나 작전주를 찾아다닐 필요가 없다고 하는 것이다. 거의 모든 주식에 각 세력이 붙어 있다. 이들이 정보를 만들고 선수들이 붙으면 본격적인 작전이 시작된다. 세상에는 작전주 아닌 게 없고, 따지고 보면 작전주인 것도 없다. 작전주 루머나 쫓아다니면 결국은 호구가 된다는 것을 명심하자.

여우와 살구 기름

예나 지금이나 여우는 똑똑함의 대명사인 것 같다. 그래서 우리는 흔히 머리 회전이 빠른 사람을 보고 '여우 같은 사람'이라고도 한다. 예부터 이런 똑똑한 여우를 잡기는 여간 어려운 일이 아니었을 것이다.

여우에 관한 글 중에 이명선 수필가의 '당신의 살구 기름'이란 글을 보면, 이런 내용이 있다. 여우가 살구 기름을 좋아해서 사람들은 살구 기름에 독을 넣어 여우가 잘 다니는 길목에 놓아둔다. 그 사실을 잘 아는 여우는 살구 기름이 놓인 길목에 다다르면 빨리 지나쳤지만, 아쉬운 마음에 다시 돌아가 살짝 혀를 댔다. 그런데 입에 댄 순간 멈출 수 없었던 여우는 허겁지겁 기름을 모두 마신 뒤 죽고 만다.

여우도 처음부터 살구 기름에 빠져들지는 않았을 것이다. 예전에 다른 여우들이 살구 기름의 덫에 걸려 죽는 모습을 봤기 때문에 저 멀리서 피해 다니다가 자기도 모르는 사이에 그곳을 지나가게 되었을 것이다. 진동하는 살구 냄새에 이끌려 그곳에 갔고, 냄새만 맡는다는 게 그 향기로운 냄새에 취해 혓바닥을 날름거리게 되었고, 조금만 맛본다는 게 그만 정신을 놓고 기름을 죽음과 함께 핥게 된 것이다.

주식을 하다 보면 원칙을 깨고 싶은 유혹에 빠진다.

'이번 딱 한 번만 로스컷을 하지 말까? 왠지 내일 다시 오를 것 같은데 말이야.'
'하락 물타기 딱 한 번만 할까? 하락할 때 조금 더 사두면 좋을 것 같은데.'

이렇게 '딱 한 번만'의 유혹에 빠진다. 그리고 때로는 원칙을 깨고 돈을 벌 수도 있다. 하지만 기뻐할 필요도 없다. 이런 행동이 여우에게 독이 든 살구 기름 같은 것이니 말이다. 주식 투자의 실패는 외부적인 원인에 지는 게 아니라 100% 자신한테 지는 것이다. 주식에 있어 살구 기름은 자신 안에 있다.

투자의 원칙을 지키자.

Part

8

투자 일지 쓰기

게임 후 무엇을 하느냐에 따라
미래가 결정된다

주식으로 하루에 600만 원을 벌었다. 너무 기분이 좋아 어쩔 줄 모른다. 마치 자신이 엄청나게 똑똑한 사람이 된 기분에 도취한다. 다음 날도 비슷한 수익률을 거두면 마치 스스로 천재가 된 것 같다. 그리고 얼마 후 먹었던 돈을 시장에 다 토해 놓는다. 영원히 계속될 것만 같았던 장밋빛 미래는 칠흑 같은 어둠이 된다. 도리어 오늘의 손실이 영원히 지속할 것 같은 두려움에 망연히 술을 입속에 쏟아 넣는다. 그래야 이 괴로운 고통에서 해방될 수 있을 것 같기 때문이다.

이런 날이 자주 일어나면 '월요일은 원래 마시는 날, 화요일은 화끈하게 마시는 날, 수요일은 수수하게 마시는 날, 목요일은 목숨 걸고 마시는 날, 금요일은 금방 마시고 또 마시는 날'이 되어 거의 매일 술을 마신다. 주식 투자에서 오는 스트레스를 술로 풀려고 하지만, 효과가 전혀 없을 뿐만 아니라 스트레스가 더 쌓여 음주량만 늘어난다. 이런 생활을 하는 사람들은 마치 끝나지 않은 뫼비우스의 띠처럼 자기 파괴적 패턴을 가지고 있다. 패턴은 한번 만들어지면 계속 유지되는 경향이 있어 미래를 예측하기 위한 도구로 사용될 수도 있다. 혹시 자기 파괴적 패턴이 있는가? 당신의 미래를 한번 예측해보길 바란다.

위기상황에 닥치면 이를 해결하려고 노력을 해야지, 술잔이나 기울이며 문제를 술로 덮어버리려 하거나 다른 누군가의 도움이나 기다리면 되겠는가? 자신이 그런 자기 파괴적 패턴을 가지고 있다는 사실도 알아차리지 못하는 사람도 부지기수다. 다람쥐 쳇바퀴 돌 듯 매일 부정적이고 반복적인 삶을 살고 있는 것이다. 그리고 마치 조울증에 걸린 사람처럼 행동하는 사람도 있다. 초보들은 돈을 조금 벌면 세상을 다 가진 것처럼 굴고, 조금 잃으면 나라를 잃은 것처럼 절망한다. 이렇게 자신의 감정에 충실한 초보들은 시장이 끝났을 때 자신의 수익률에 따라 기분이 극을 달린다. 이런 사람들은 일종의 자기연민에 빠져 시간을 낭비하는 것이다. 주식 투자를 하다 보면 여러 가지 피할 수 없는 문제들과 마주한다. 하지만 가장 큰 문제는 주식을 하면서 오는 문제가 아니고 자기 연민에 빠지는 문제다.

주식 시장은 누군가 벌면 반드시 또 누군가는 딱 그만큼 잃는다. 그런 게임에서 이기기 위해서는 자기 연민에 빠지는 것이 아니라, 자신을 잘 관찰해서 자신에 대해 보다 더 잘 알아야 한다. 그래야 같은 실수를 반복하지 않을 수 있다. 하지만 현실에서는 보통 같은 실수를 몇 번씩이나 반복하기 쉽다. 특히 실수를 숨기려 하거나 잊으려고 노력한다면 영원히 그 실수의 늪에서 벗어날 수 없다. 자신의 실수를 숨기거나 변명을 하거나 책임을 회피하려 하지 말고, 인정하고 책임을 져서 성장의 기회로 삼도록 해야 한다. 그러기 위해서는 투자 일지를 써야 한다.

투자 일지는
자기 객관화의 과정이다

투자 일지는 어떻게 보면 '손실'이라는 고통과 '수익'이라는 행복의 재구성이다. 자신이 시장에서 어떻게 매매를 했고, 어떤 경험을 했는지를 살펴보면 앞으로의 답이 들어 있다. 그래서 선수들은 자신의 머리를 믿지 않고, 투자 일지의 기록과 수치를 믿는다. 구체적으로 말하자면 자신의 기억을 믿지 않는다. 기억은 편한 대로 쉽게 조작될 수 있다는 것을 안다. 그래서 자신의 기억에 의존하는 게 아니라 자신의 기록에 의존하는 '자기 객관화'를 하는 것이다. 자기 객관화란 고대 그리스 철학자 소크라테스(Socrates)가 델포이 신전에 쓰인 '네 자신을 알라'는 말을 인용해 사람들에게 자아 성찰을 설파한 것과 같다.

앞서 말한 것과 같이 시장에서 같은 실수를 반복하는 건 자살행위다. 원칙을 세우는 데 2번 정도의 실수를 하기 마련이다. 바보가 아니면 어떻게 같은 실수를 반복하냐고? 정말 우스운 이야기지만, 대부분의 개미가 같은 실수를 무한정 반복하다 망한다. 시장은 인간의 군집 본능을 이용한다. 그래서 항상 떼로 몰려가게 만들고 그곳에 피할 수 없는 함정을 파 놓는다.

그곳에 함정이 있다는 것을 다 알고 있는데도 계속 똑같은 함정에 빠진다는 것은 과거를 기억하지 못해 같은 실수를 반복하는 것이다. 그런 실수의 무한 반복을 피하고자 투자 일지를 쓰고, 과거를 기록해 둬야 한다고 말한 것이다. 투자 일지를 쓰지 않으면 계속 똑같은 실수를 반복하고, 아무리 시간이 흘러도 자신이 실패한 원인을 깨닫지 못한다.

투자 일지라고 해서 투자 이야기만 쓸 필요는 없다. 투자 일지에 독서록, 신문 요약 일지, 일기 등을 다 써도 된다. 이렇게 몇 년 쌓이면 자신이 어떤 생각을 자주 하는지, 어떤 행동을 자주 하는지를 정확히 알 수 있다. 그리고 그 기록은 시간의 검토를 거치게 된다. 그때는 그게 옳다고 생각했는데, 시간이 지나고 나니 자신이 틀렸다는 사실을 새삼 깨닫는 경우가 많다. 투자 일지는 자신을 이해하는 데 가장 좋은 수단이다. 뭘 써도 좋으니 쓸 게 없으면 싫은 사람 욕이라도 써라. 오늘 시장에서 있었던 일부터 한심한 정치인, 갑질 기업인의 욕도 좋다. 아니면 불친절한 김밥집 주인에 대한 욕이나 칭찬, 아무거나 다 좋다. 투자 일지는 매일 쓰는 습관이 중요하다. 시장이 열리지 않는 토, 일요일과 공휴일에도 매일 써야 한다. 단 하루도 빼지 않고 말이다.

그리고 한 달에 한 번씩 읽어보길 바란다. 정독할 필요는 없다. 어차피 당신이 쓴 글이기에 무슨 내용인지 잘 알고 있다.

모든 문제의 답은
당신에게 있다

내 투자 일지 한구석에 쓰여 있던 글이다. 로스컷이 망설여질 때마다 읽었다.

"로스컷 해서 손실을 봤다. 몇 달 후에 로스컷 하지 않아 더 큰 손실을 봤다. 로스컷은 해도 손실이고, 안 해도 손실이다. 하지만 로스컷을 하면 감당할 수 있는 작은 손실이지만, 하지 않은 경우에는 회복할 수 없는 큰 손실을 본다."

이런 내용이 투자 일지에 정확히 나온다면 어떻게 할 것 같은가? 그래도 꿋꿋이 무원칙으로 투자할 것 같은가? 대부분은 아닐 것이다. 투자 일지를 읽다 보면 자신이 어떤 사람인지 알게 된다. 그리고 자신이 어떤 실수를 자주 하는지도 알게 된다. 알아야 고칠 수 있다.

끝까지 누구의 '탓'만 하는 사람들이 있다. 이들은 자신이 무슨 투자 비법을 몰라서, 정보가 부족해서, 자본금이 작아서 등의 말도 안 되는 핑계를 댄다. '투자에 대한 모든 잘못과 책임은 자신에게 있다'는 것을 모른다. 그러니 해답도 엉뚱한 곳에서 찾게 된다. 남 탓을 하면 당분간은 기분이 좋겠지만, 결국에는 무기력과 실패로 가득한 삶을 살게 될 뿐이다. 모든 문제의 답은 당신 안에 있다. 자신은 통제할 수 있지만, 자신 이외의 세상은 그 어떤 것도 통제할 수 없다. 그런데 천만다행인 것은 주식은 자신 생각과 행동만 통제할 수 있으면 된다는 것이다.

그래서 선수들은 게임이 끝나면 투자 일지부터 쓴다. 그런데 나는 게임이 끝나면 바로 쓰는 게 아니라 다음 날 아침에 일어나서 운동하고 샤워를 마친 후 따뜻한 물을 한잔 마시며 투자 일지를 쓴다. 매일 운동과 원칙대로 주식을 하면 스트레스가 빨리 해소되고, 평정심도 빨리 되찾는다. 때로는 스트레스 극복 방안으로 몸을 편하게 할 때도 있다. 하지만 몸을 편하게 하면 마음이 게을러지고, 그 게을러진 마음은 스트레스의 극복을 더 더디게 한다. 선수마다 일지를 쓰는 때는 서로 다르다. 내가 아침에 쓰는 이유는 일단 장이 끝나고 나면 너무 피곤하다.

손실을 많이 본 날은 아무리 평정심을 유지하려고 해도 책상에 앉아 있기도 싫고, 글도 감정적으로 나온다. 그래서 장 마감 후에는 주로 운동이나 독서를 한다. 그리고 경험상 내 마음대로 관리할 수 있는 시간은 아침밖에 없었다. 장 마감 후 오후에는 일이 많다. 강연이나 강의가 있을 수도 있고, 마트나 백화점을 갈 때도 있다. 오후는 내가 내 마음대로 관리할 수 없는 시간이 많다. 하지만 아침은 완벽히 내가 관리하고 통제할 수 있는 시간이다. 그래서 일찍 일어나 운동을 1시간 하고, 씻고, 투자 일지를 쓰는 것이다. 장 마감 후 꽤 많은 시간이 지났기에 시장도 객관적으로 보인다. 장이 끝나면 이미 승패는 판가름 났다. 판가름이 난 판에 내가 어찌해볼 도리가 없다. 문제는 오늘 장에서 내가 뭘 잘했고, 뭘 잘못했는지 판단하고, 그 경험을 어떻게 내 자산으로 만들 것인지가 중요하다.

투자 일지를 쓰는 것은 주식 시장에서 생존하기 위한 최소한의 노력이다. 노력하지 않으면 인생의 100%를 운명이 지배한다. 그러면 냇물에 띄워진 나뭇잎과 같이 흘러갈 뿐이다. 하지만 노력으로 역량을 기르고 자신을 통제하면, 운명에 맞서고 또 절대적으로 보였던 운명도 바꿀 수 있다.

기억이 투자를 결정하는
잣대가 된다

경험은 삶의 잣대이기도 하다. 우리는 과거의 기억을 떠올려 지금 해야 하는 결정의 잣대로 삼는다. 그리고 기억이 모여 행동의 기준이 된다. 무슨 결정을 해야 할 때는 '이와 비슷한 경험이 있었나?', '그때 어떤 결정을 했더라?', '그리고 그 결정이 내게 보탬이 되었나? 아니면 손해를 입혔나?' 등을 가장 먼저 떠올린다.

그래서 처음 경험이 아주 중요하다. 증권 투자를 처음 해서 생각지도 않은 큰돈을 번 사람이 있다. 이들은 별 노력 없이 공부도 하지 않고, 발품도 팔지 않고 큰 수익을 봤기 때문에 증권 시장을 우습고 만만하게 본다. 한두 번 작은 성공 후에는 자신이 가진 지식으로 시장을 휩쓸 수 있다고 생각한다. 그리고 빨리 더 큰돈을 벌 욕심에 원금을 포함한 수익금과 더 많은 돈을 끌어 한번에 시장에 다 때려 넣는다. 그리고 몽땅 날려버린다. 초반의 행운이 재앙을 몰고 온 것이다. 그러니 제발 착각하지 마라! 당신이 고른 주식이 올랐다고 당신이 종목 선택을 잘한 게 아니다. 그것은 증권 시장의 시스템일 뿐이다.

이와 대조적으로 첫 투자에 별 재미를 못 본 사람들은 행운이다. 도리어 첫 투자에 망한 사람은 정말 천운을 가진 것이다. 첫 투자에 쓰디쓴 실패를 경험한 사람은 주식 시장이 얼마나 무서운 곳인지 뼈저리게 깨닫는다. 그리고 절치부심 공부하고, 발품을 팔며, 전문가나 선수가 하는 조언을 허투루 여기지 않는다. 투자금도 한번 다 날려봤기에 일단 매매 기술이 능숙해지면 조금씩 조금씩 늘린다. 조금만 위험하다고 생각되면 바로 빠진다. 하이 리스크 하이 리턴은 지나가던 소가 웃을 소리다. 증권 시장에서 전문가들이 개미들을 현혹하고 빨리 전 재산을 깡통 차게 만들려고 만들어낸 이야기다. 하이 리스크는 하이 깡통이다.

그동안 주식 투자에서 돈을 많이 잃은 사람들은 빨리 원금이라도 찾기를 바란다. 이런 사람은 마음이 급하기에 빨리 돈 벌 수 있는 하이 리스크에 투자하고 더 빨리 전 재산을 날린다. 하이 리스크에 마음이 뺏긴 사람은 이미 흥분 상태이기에 어떤 조언도 통하지 않는다. 그가 움직일 수 있는 돈이 한 푼도 없을 때까지 어디서든 돈을 구해 가져와 베팅한다. 한 푼도 남지 않고, 더는 빚을 낼 수 없을 때가 되어서야 이 위험한 질주가 끝이 난다.

당신의 주식 투자가 성공할지, 실패할지 알고 싶은가? 그렇다면 당신의 선행지표를 살펴보면 된다. 선행지표는 어떤 특정한 일이 발생하기 전에 나타나는 사건을 말한다. 예를 들어, 날이 흐리고 바람이 불면서 습하면 비의 선행지표다. 거리에 산타 복장을 한 사람이 돌아다니고 구세군이 보이는 것은 크리스마스 선행지표다. 모든 일이 일어나기 전에는 선행지표가 먼저 나타난다.

한번 손해를 보면 절대 팔지 않고 가지고 있는가? 물타기를 하는가? 파생이나 작전주를 찾아다니는가? 이는 깡통의 선행지표다. 반대로 철저히 로스컷 하고 매일 투자 일지를 쓰며 공부하는 것은 투자 성공의 선행지표다.

투자 일지는
사막의 오아시스를 찾는 지도다

메마른 사막에도 비가 온다. 하지만 비가 와도 사막은 사막이라서 내린 비는 곧 땅에 다 흡수되어버린다. 하지만 오아시스는 다르다. 오아시스에는 비가 오면 말랐던 구덩이가 금방 물로 가득 찬다. 그래서 사막에 생명체가 살 수 있는 것이다. 비가 온다고 모든 웅덩이에 다 물이 고이는 것은 아니기 때문에 사막에서 살아남기 위해서는 오아시스가 있는 곳을 정확히 알아야 한다. 그래서 현명한 사람은 오아시스의 위치를 정확히 알아두고, 비가 오면 오아시스로 가서 물을 구한다.

하지만 바보는 그렇지 않다. 그냥 모양만 웅덩이처럼 생긴 쭉정이 오아시스로 가서 멍하니 물이 고이기만을 기다리고 또 기다린다. 하지만 그 바보의 바람과 달리 비는 오는 족족 다 땅속으로 흘러 들어가버리고 곧 언제 그랬냐는 듯이 물은 흔적조차 남지 않는다.

주식도 이와 똑같다. 경기가 좋아지면 모든 주식에 단비가 내리듯 수급이 풀리기 시작한다. 하지만 주가가 다 오르지는 않는다. 사막의 오아시스 같은 주식만 본격적으로 올라간다. 허접 잡주는 경기와 상관없이 그냥 계속 주가가 그저 그렇다.

특히 기술적 분석으로만 매매하는 사람은 허접 잡주라는 함정에 자주 빠진다. "차트가 예쁘다. 기술적 반등 구간이다. MACD가 양봉이다. 구름대가 두텁다"와 같은 말을 한다. 생긴 게 비슷하다고 모든 웅덩이가 다 오아시스가 아니듯, 차트가 우량주와 비슷하다고 다 같이 오르는 게 아니다. 비가 오면 물도 항상 모이는 곳에만 모이듯 주가도 올라가는 주식만 오른다. 그러니 오르는 주식을 사야 한다. 허접 잡주로 어쩌다 돈을 벌면 계속 그럴 것이라는 착각이 깡통을 만든다. 돌멩이는 갈고 닦아도 그냥 돌멩이다. 원석을 발견해서 갈고 닦아야 멋진 보석이 된다. 돌멩이를 갈고 닦는 데 시간을 허비하지 말고 원석을 찾는 데 시간을 써야 할 것이다.

불황이 오면 종합지수가 사막화 되면서 주가가 연일 폭락한다. 기업 매출은 별 차이가 없는데 주가만 계속 내린다. 심할 때는 1년 동안 하향 트렌드를 형성할 때도 있다. 이렇게 시장이 초토화되면 우량주는 매출과 영업이익이 과거와 별 차이가 없는데도 주가가 계속 내려간다. 종합지수 하락 초반에는 매수세가 조금 들어오지만, 이유 없이 내리는 주가에 견디지 못하고 떨어져 나간다. 종합지수가 빠지면

각 개별 종목 주가는 당연히 내린다. 빠지기는 하는데 우량주의 주가는 보합, 하락을 반복한다. 다른 주식에 비해 조금 덜 빠진다. 종합지수 하락으로 시장이 꺾이기는 했지만, 우량주의 본질은 바뀌지 않는다. 불황 속에서 매일 투자 일지를 쓰면 주식의 옥석이 가려진다. 투자 일지가 바로 사막의 오아시스 역할을 한다.

삽질이나
하시지

모르면 모른다고 인정하고 알려고 노력해본 다음, 그래도 도저히 알 수 없을 때 투자 일지에 꼼꼼히 잘 써두자. 그리고 충분히 고민했지만, 답을 얻지 못했을 때는 전문가나 고수에게 정중하게 부탁해보자.

'한 번 길을 못 찾는 것보다 열 번 길을 묻는 편이 더 좋다'라는 말이 있듯이 질문은 사고의 폭을 넓히는 좋은 도구다. 질문을 받아보면 질문하는 사람의 수준을 알 수 있다. 이 중에서 자신의 시간을 절약하기 위해 질문하는 풋내기들이 있다. 충분히 혼자 힘으로 해결할 수 있는 문제인데 노력하기 귀찮고, 해결하는 데 걸리는 시간도 아낄 겸 바로 질문을 한다. 이들은 자신의 시간을 아끼기 위해서 다른 사람의 시간을 갉아먹는 인간들이다. 이런 사람들에게 질문을 받으면 정말 짜증이 난다. 고민하지 않은 얕은 질문은 뻔뻔하다. 과정이 귀찮아 최대한 빨리 답을 얻고 싶은 얄팍한 심리다. 사실은 답을 찾기 위해 하는 과정도 정답의 일부인데, 이들은 그 사실을 알지 못한다. 그것을 전문용어로 '삽질'이라고 한다. 삽질은 원래 '내 성과에 도움이 되지 않는 쓸모없는 일을 한다'라는 뜻이다. 어원은 군대에서 상관이 병사들에게 '군기'를 잡기 위해 의도적으로 쓸데없는 일을 시키는 것을 뜻한다. 빈터에 삽으로 땅을 파게 한 후 다시 메꾸게 한다.

질문의 질이 낮은 사람은 문제에 대한 고민을 쓸데없는 짓, 즉 삽질로 여긴다. 그래서 그들은 빨리 문제 속에 있는 이 귀찮은 상황에서 벗어나고 싶은 심정일 뿐이다. 남의 고단함은 전혀 고려하지 않는다. 이런 사람과 만나고 나면 몸에서 에너지가 다 빠져버린다. 이런 아마추어들을 한마디로 '에너지 탈수기'라고 말할 수 있다. 이런 아마추어들은 넓게 땅을 파는 것을 쓸모없는 짓이라고 생각하고, 시간만 허비한다고 생각한다. 하지만 그들은 남들을 번거롭게 해서 그 아낀 시간을 소중히 다루지 않는다. 마치 길거리에서 주운 돈으로 의미 있는 일을 하지 않듯 그냥 허비해버린다. 하지만 이들은 삽질하며 정신과 몸에 근육이 생긴다는 것을 모른다.

어차피 이런 사람들은 일을 아무리 오래 해도 프로의 세계로 들어올 수 없는 영원한 초보이고, 풋내기다. 자신의 힘으로 끝까지 해본 적이 없는 사람은 절대 발전할 수 없기에 경쟁상대가 못 된다. 진짜 프로가 되기 위해서는 그만두고 싶을 때, 마지막 한 걸음이라도 내디뎌야 한다. 가장 지쳐 있을 때, 너무 힘이 들어 주저앉고 싶을 때, 이를 악물고서라도 또 한 걸음 더 내딛는 것보다 더 강한 것은 없다. 넘어져도 절대 주저앉거나 멈추지 말고 앞으로 나가야 선수가 될 수 있다.

하지만 이런 잔챙이들은 사람을 귀찮게 한다. 한번 요청이나 질문을 들어주면 계속 반복한다. 이들의 심리는 '한번 나를 이해시켜 봐. 나를 재능 있는 인재로 만들어봐. 재주 있으면 나를 성공시켜봐' 하며 인맥이 능력이라고 착각하는 게으른 자들이다. 이런 사람은 두 번 다시 상종도 하고 싶지 않다. 그래서 대답도 건성건성 한다. 어차피 의미 없는 질문이고 제대로 해주면 또 어처구니없는 질문과 어처구니없는 요청을 반복한다. 분명 자신이 해야 할 일을 누군가에게 부탁하고 아낀 시간에 헛짓하는 덜된 인간이기 때문에 멀리한다. 약속을 잘 지키지 않고, 게으르고 부정적인 사람은 주식과 같이 인간관계의 로스컷이 필요하다.

하지만 앞으로 고수가 될 아마추어의 질문은 급이 다르다. 들어보면 질문에 고민의 흔적이 역력히 보인다. 얼마나 문제를 들고 노심초사했는지, 답을 갈구했는지가 보지 않아도 눈에 선하다. 당면한 문제를 해결하기 위해 최선을 다해 노력했으나 지식과 경험의 축적이 부족해 아직 깨닫지 못했을 뿐, 시간이 지나면 자연스레 알게 될 답이다. 하지만 이들은 몹시 문제의 답을 갈구한다. 그래서 고심 끝에 찾아온 것이다.

이들의 질문을 듣고 감동하는 경우가 종종 있다. 현재로서는 세월과 경험의 차이로 서로 급이 다르지만, 곧 프로의 세계에서 함께 경쟁할 사람이라는 것을 직감할 수 있다. '앞으로 내가 조금만 게을러져도 이 사람들에게 추월당할 수도 있겠구나'라는 생각이 들지만, 견제하지 않고 내가 아는 모든 것을 가르쳐준다. '이제 그만 가르쳐줘야지' 하며 머릿속은 제어를 명령하지만, 더 알려주고 싶어 안달이 난다. 10년 후 이들의 더 커진 능력을 보고 싶기 때문이다.

시간을 내서 기술을 가르쳐주고 나면 속이 다 후련하다. 그리고 새삼 놀란다. '세상에는 이렇게 훌륭한 인재가 참 많구나' 하며 나의 게으름을 반성한다. 추월당하지 않으려면 더 열심히 노력만 하는 게 아니라 '최선을 다해야겠다'고 다짐한다. 추월은 아차 하는 순간 온다. 미래의 경쟁자를 만들어냄으로써 내가 더 앞으로 나갈 수 있다는 사실에, 그리고 이들과 내가 최선을 다하는 모습에 기분이 너무 좋다. 이게 바로 서로 원원하는 경쟁이 아닌가 한다.

잘하는 것만 해서는 발전할 수 없다. 중요한 것만 해서도 발전할 수 없다. 못하는 것도 시간을 들여 노력해보고, 하찮게 보이는 것도 공들여 꼼꼼히 해보아야 실력이 늘 수 있다. 삽질도 해봐야 실패도 하고 경험도 해서 실력이 쌓인다. 알고 보면 삽질은 삽질이 아니다.

노력을 제대로 발휘하기 위해서는
측정하고 기록하라

"우리 인생은 우리가 들인 노력만큼의 가치가 있다."

프랑수아 모리아크(François Mauriac)의 말처럼 노력보다 더 소중한 것은 없다. 노력해서 질 리 또한 없다. 노력했는데 안 되었다는 말은 대부분이 게으른 변명과 거짓말이다. 진짜로 노력했는지, 얼마나 노력했는지 한번 기록해보길 바란다. 성공하는 사람들이 대부분 '일지'를 쓰는 이유는 자신의 생활을 알기 위해서이고, 스스로 피드백을 받기 위해서다. 주식으로 돈을 벌기 위해서는 공부하고, 관심을 두며, 투자해서 시간이 흘러야 경험이 된다. 그 경험을 노트에다 매일 쓰는 것이다. 이렇게 쓰는 투자 일지는 일종의 복기(復碁)다. '몇 월 며칠에 무슨 종목을 샀는데, 어떤 사건이 터져 손실을 봤고, 얼마에 로스컷 했다'와 같이 주식에 대한 것은 당연히 써야 하는 것이고, 그것 말고도 무슨 말을 써도 좋다. 스스로 칭찬도 하고 반성도 하고 후회도 써라. 그렇게 투자 일지가 쌓이면서 당신의 주식 투자 실력도 쌓일 것이다.

투자 일지에는 당신이 하고 싶은 모든 말을 해도 좋지만, 다른 사람에게 당신의 주식 스토리를 말할 필요는 없다. 특히 가소로운 실력으로 시장을 쉽게 보고, 자신보다 실력이 없는 사람들에게 터무니없는 헛소리를 해서 악영향을 끼쳐서는 더더욱 안 된다. 골프로 비유하자면 아침에 필드에 처음 나간 골퍼가 저녁에 골프 새내기를 가르치려고 드는 것과 같다. 어디서 가짜 내부 정보를 듣고 대박 정보라고 흘릴 필요도 없다. 그게 정말 대박 정보면 다른 사람한테 말하지 말고 당신이 직접 그 주식을 사라.

무슨 주식 투자 비법을 당신이 알고 있으면 다른 사람들에게 이 방법으로 하면 수백 % 수익을 올릴 수 있다고 말하지 말고, 당신이 그 비법으로 투자를 해보라. 과연 돈을 벌 수 있는지 말이다. 아마도 한 푼도 못 벌 것이다. 주식 시장은 절대 쉬운 곳이 아니라는 것을 명심, 또 명심하자. 단 몇 년 만에 선수가 되는 것은 불가능하다. 공부해야 할 것도 많고, 실전도 겪으면서 산전수전 공중전까지 섭렵해야 선수가 될 수 있다. 전략을 자유자재로 짜고, 시장 흐름에 척척 대응해나가며, 로스컷과 상승 물타기를 자유자재로 할 수 있고, 시장을 보는 눈이 생기면 드디어 선수의 반열에 오르는 것이다. 물론 그 기본은 투자 일지를 써서 자신이 무슨 생각을 하면서 매매를 하는지 정확히 기록해두는 것이다. 기본이 약한 사람은 초라한 수익률을 면치 못한다.

투자 일지에는
우선순위를 두자

어느 날 미국에서 유학을 마치고 온 제자 수연이가 찾아왔다. 고1부터 고3 수능 전까지 만 3년을 가르친 학생이다. 세계 100위권 안에 든 대학의 경영학과를 졸업했다. 진로도 그렇고, 여러 가지 걱정이 많아 찾아왔다고 했다. 부모님은 공무원을 하거나 대기업에 들어가라고 하고, 수연이는 사업을 하며 작가가 되고 싶다고 했다. 그래서 일단 회사에 취직해서 몇 년이라도 경험을 쌓는 게 좋겠다고 조언을 했다. 지금 몇 군데 원서는 냈다고, 이미 한 군데 최종합격도 했다고 했다. 회사에 입사해도 주식 공부와 자기계발을 절대 멈추지 말라고 조언해주는 동안 나온 이야기다.

"선생님 해야 할 것은 많은데 뭐부터 해야 할까요?"
"플래너(일지)는 쓰고 있어?"

"네."

"그러면 플래너를 펼쳐서 오늘 날짜의 제일 윗부분에다가 To do list(할 일 목록)를 써."

"To do list는 어떻게 쓰면 되나요?"

"1번은 가장 중요하면서 급한 것, 2번은 중요하지만 급하지 않은 것, 3번은 중요하지 않지만 급한 것, 4번은 중요하지도 급하지도 않은 것이지. 이렇게 To do list를 만들고 아침에 눈뜨면 항상 1번부터 실행하는 거야. 이렇게 일의 우선순위를 정해두면 중요한 일부터 하게 되고 일의 혼선을 방지할 수 있지. 잘만 활용하면 많은 자투리 시간도 확보할 수 있어."

"그러면 선생님의 To do list에서 1번은 뭔가요?"

"이건 비밀인데, 내 1번은 '운동'이야!"

"할 일도 많은데 운동할 시간이 있나요?"

"규칙적인 운동은 시간을 버리는 게 아니라 시간 활용도를 높이지. 일단 너도 해보고 다시 이야기하자. 경험해보지 않은 사람에게 이해시키기는 힘들거든. 그리고 운동하는 데 아낀 시간은 병원에서 쓰게 된단다."

내 마음대로 쓸 수 있는 나만의 시간을 언제 만들 수 있을까? 앞서 제자와의 대화에서 보듯이 우선순위대로 일하면 된다. 당신이 제일 중요하다고 생각하는 1순위부터 아침에 일어나면 바로 실행하면 된다. 나의 경우는 예외 없이 운동이다. 체력이 있어야 시간을 활용할 수 있기 때문이다.

"선생님! 한국에서 직장생활을 하면서 자기계발을 하기가 쉽지가 않다고 들었어요."

"시간이 없으면 시간을 만들면 된다. 네 마음대로 쓸 수 있는 시간은 아침 일찍뿐이야. 출근을 8시까지 해야 하면, 7시 전에 회사에 출근해 있는 게 좋아. 늦어도 30분 전에는 출근해 있어야 한다. 그 1시간 동안 오늘 할 일을 정리 정돈해야 하루를 여유가 있게 시작할 수 있지."

"선생님, 그러면 도대체 몇 시에 일어나라는 말씀이세요?"

"7시까지 회사에 도착하려면 6시에는 집에서 나와야지. 6시에 나오려면 5시 전에 일어나야겠지."

"선생님께서 아까 운동도 하라면서요?"

"그러면 새벽 4시에 일어나면 되겠네!"

"그러면 몇 시간 못 자는 거 아니에요?"

"잠은 7시간 정도 푹 자야 해. 잠을 줄이면 반드시 큰 대가를 치르거든. 9시에 자. 그러면 7시간 푹 자고 새벽 4시에 일어날 수 있어."

한국에서 대학을 나온 제자들에게 이런 이야기를 하면 모두 고개를 절레절레 흔든다. 왜냐하면 이미 대학의 밤 문화에 익숙해진 아이들에게 9시는 초저녁이기 때문이다. 길거리에는 온통 자극적인 네온사인이 넘쳐나고, 퇴근 후 스트레스를 풀려는 직장인들로 넘쳐난다.

잠깐의 즐거움이 없어서가 아니라 그 즐거움 때문에 불행하게 살아 가는 사람들이 우리 주변에는 너무나 많다. 우리나라에 온 외국인들 도 이런 밤 문화를 보고 크게 놀란다. 밤에 우리나라처럼 유흥을 즐 기는 문화는 세계 어디에도 없다. 미국과 유럽에서는 학교나 회사에 서 받은 스트레스를 집으로 돌아와 가족과 여유로운 시간을 보내며 푼다. 그래서 해외에서 대학을 졸업한 제자들에게 이런 이야기를 하 면 대부분 수긍을 한다. 그렇게 대학 생활을 했기 때문이다.

"다른 사람도 그렇게 일찍 회사에 출근하나요?"

"당연히 아니지. 물론 일찍 오는 사람도 있고, 8시 정각이 되어야 들어오는 사람도 있고, 조금씩 지각하는 사람도 있어. 하지만 분명한 것은 회사에서 끝까지 살아남아 부장까지 올라가는 사람은 100명 중 5명도 안 돼. 나머지는 승진해서 부장으로 올라가는 게 아니라 짐을 싸서 집으로 가지. 그리고 임원이 되는 사람은 1,000명 중에 8명 이 하야. 땡칠이(8시 정각이 되면 출근하는 사람)는 부장까지 못 갈 거야. 그리 고 가끔 지각하는 사람은 더 일찍 짐을 싸서 집으로 가지. 이에 반해 일찍 출근하는 사람은 임원까지 가는 경우가 많아. 명심할 게 있어. '유능한 사람은 일찍 출근하고, 무능한 사람은 늦게 퇴근한다'야. 만 약 상사들이 늦게 퇴근하는 것을 조장하는 회사라면 바로 때려치워. 어차피 오래갈 회사는 아니야."

"아까는 회사에서 경험만 쌓으라고 하셨는데요. 회사에 끝까지 남 으란 말씀이신가요?"

"회사에서도 인정 못 받는 사람이 나와서 무슨 사업을 할 수 있겠어? 먼저 회사에서 인정받고 눈물로 붙잡는 임원들의 손길을 단호하게 뿌리치고 나오란 말이야. 그리고 사업을 하든, 작가를 하든 해."

"그러면 일찍 출근해서 뭘 해야 하나요?"

"아까 이야기했잖아. 중요한 것부터 하라고!"

나도 모르게 언성이 높아졌다. 같은 말을 반복하는 것을 정말 싫어하는데, 좀 전에 이야기한 것을 또 이야기하게 해서 짜증이 조금 났다.

"너 미국에서 새벽에 고속도로 타봤지?"

"아니요! 4년 내내 기숙사 생활만 했는데요."

갑자기 욱 하고 올라왔다. 수연이가 고등학교 다닐 때도 사실 말이 잘 안 통하던 아이였다. 오랜만에 만났던 터라 참았다.

"미국이 왜 세계를 지배하는지 알려면 새벽에 고속도로를 타보면 알아. 미국은 새벽이 바빠. 정말 도로가 꽉 차거든. 어떻게 이렇게 일찍 일어나서 빨리 일을 시작하는지 보면 깜짝 놀랄 정도야. 그리고 회식이나 야근이 거의 없어. '땡' 하면 집에 가."

"아."

"미국에 여행 간 사람들이 우리나라에서 밤에 놀 듯이 놀고 싶어 밤에 돌아다니는 경우가 있어. 그러면 깜짝 놀라. 거의 모든 상점이 저녁 시간이 지나면 모두 문을 닫잖아. 그리고 일찍 집에 들어가고. 우리처럼 밤늦게까지 야근하고, 회식하는 문화는 거의 없다고 봐도 무방하지. 새벽을 지배하는 사람이 사회를 지배하고, 새벽을 지배하는 나라가 세계를 지배하는 거야. 밤늦게까지 마시고 노는데 어떻게 새벽을 지배할 수 있겠어? 골든타임인 새벽을 놓치니 일을 질질 끌다가 밤늦게까지 다 마치지 못하는 거지. 그리고 늦게 퇴근하면서 그냥 가기 아쉬워 동료끼리 술 한잔하다 보면 새벽에 일어나는 게 아니라 새벽에 퇴근을 하게 돼. 그러니 가정인들 제대로 돌아가겠어? 그리고 아침에 또 헐레벌떡 일어나 지각하지 않으려 과속하고, 겨우 자리에 앉아 시간에 밀려 일을 시작하지. 실수의 연속이고, 온종일 멍한 거야."

"네."

"회사를 선택할 때 잘 알아봐야 해. 허구한 날 야근하는 회사인지, 아닌지 말야. 허구한 날 야근하는 회사는 직원들이 근무시간을 제대로 활용하지 못하고 있다는 뜻이야. 대기업에서 직장생활을 해본 사람은 알 거야. 그들의 일과를 한번 자세히 살펴봐. 놀랍게도 순수하게 일하는 시간은 정말 얼마 안 돼. 다 딴짓하고 앉아 있지. 그런데 그런 딴짓도 오래 하다 보면 마치 그것도 일하는 것처럼 착각할 때가 와. 오래 앉아 있긴 하는데 정말 일다운 일을 하는 시간은 짧고, 대부분 업무 외 인간관계에 신경을 쓰지. 무슨 동호회도 아니고 인간관계를 맺으려고 회사에 온 거야? 조직의 목표보다도 인간관계가 더 중요한 회사가 이 치열한 정보화 사회에서 어떻게 살아남을 수 있겠어?"

"그렇죠."

"허구한 날 하는 회식도 실은 업무의 연장이야. 반대로 말하면 이 회사의 업무는 회식이지. 그냥 술 마시고, 회식하려고 회사를 만든 것이나 진배없어. 이런 부류의 회사가 치열하고, 변화무쌍한 경쟁 사회에 어떻게 살아남을 수 있겠어? 직원들이 새벽에 자신의 자기계발 시간을 가질 수가 없는, 그리고 직원들의 에너지를 번아웃(Burnout)시키는 조직이 성장할 가능성은 없어. 직원들 각자가 모두 자기계발을 하고 역량이 높아지면, 조직은 자연히 발전할 수밖에 없지. 시간적 여유와 자기계발이 구성원들을 더 건강하고 올바르게 생각하고 행동하게 만들어. 밤에 회식하고 야근하면 사람은 감성적이 되고 건강을 해치지만, 일찍 일어나고 운동을 하면 여유가 생기고 낮에 활동하기에 이성적으로 돼. 에너지가 남아야 창의성이 생겨. 그래야 또 사고가 건강해지고. 회식에서 술을 마시면서 친해진 것은 누군가의 감정소비가 일어난다는 말이야. 부장이 술 마시고 치매에 걸린 것처럼 '했던 이야기 또 하고' 그러면 누군들 힘들지 않겠어. 자기가 먹고 싶은 거 계속 먹으면서 충고를 가장한 비난을 하면, 누가 좋아하겠어? 어차피 이런 회사는 곧 망할 거야. 그게 대기업이든, 중소기업이든 곧 망할 회사지. 그러니 이런 회사는 입사할 필요도 없고, 만약 입사 했다면 빨리 다른 회사를 알아봐라."

"네."

"기본적 분석 자료는 백날 쳐다볼 필요 없어. 이런 사실을 알려면 인터넷에 그 회사 분위기가 어떤지 알아보면 돼. 아니면 학교 친구들이 그 회사에 다니고 있으면 그 회사가 어떻게 돌아가고 있는지 물어봐. 그리고 인터넷에 떠도는 그 회사 소문을 들어보면 돼. 이게 재무제표에 나오지 않는 가장 확실한 기본적 분석 방법이야."

"네! 선생님."

투자 일지는 날짜와 시황을 쓰고 오른쪽 제일 윗부분에 To do list 목록을 작성하고 가장 중요한 일을 가장 먼저 한다. 즉, 일의 우선순위를 두고 중요한 것부터 하기 위한 것이다. 그게 원칙이다. 지금 주식 투자 선수가 되기로 마음먹었는가? 그러면 먼저 아침에 일어나자마자 운동을 하자. 1~2시간 일찍 일어나 운동을 하고 마음을 다스려라. 미 증시 같은 것은 장 시작하기 30분 전에만 봐도 충분하다. 증권은 심리전이다. 심리전을 이성적으로 해내야 돈을 벌 수 있다. 사람들이 흥분해서 매수한다고 같이 흥분하면 망한다. 왜 흥분했는지 이성적으로 이해하고 판단한 후 대응만 잘하면 역이용할 수 있다. 시황은 예측할 수 없지만, 사람의 행동은 충분히 예측된다.

나는 내 실수를 찾으려 할 때를 제외하고는 절대로 뒤돌아보지 않는다. 당신이 자랑스럽게 여기는 것들을 되돌아볼 때 나는 그 행위에서 오로지 위험만을 볼 뿐이다.

- 엘리자베스 노엘레 노이만(Elisabeth noelle neumann)

Part

9

자기관리

선수들이 흔히 하는
치명적 실수

어떤 시장에서든 돈을 잃지 않을 수준이 되었나? 이제부터 당신은 드디어 '선수'다.

처음 주식을 접한 것은 고시를 준비할 때였다. 고시원 생활은 너무나 단순했다. 유일한 낙은 점심을 먹고 고시원 식당에 비치된 신문을 볼 때였다. 신문 중간쯤에 증권란이 있었는데, 그곳에 종목 주가가 나왔다. 그냥 너무 심심해서 모눈종이에 매일 몇 종목 주가를 점으로 표시했다. 정말 아무 생각 없이 허튼짓을 한 것이다. 그런데 6개월쯤 지난 어느 날 모눈종이에서 일종의 패턴이 보이기 시작했다.

'어, 이 종목 왠지 조만간 올라갈 것 같은데?'라는 생각이 들어 급하게 엄마에게 500만 원을 보내라고 해서 모눈종이에 적힌 종목에 투자했다. 그리고 정확히 30일 후에 원금은 780만 원으로 불었다. 정말 아무것도 한 게 없는데 큰돈을 벌었다. 그리고 주식을 팔고 돈을 다 찾아 원금은 엄마에게 돌려주고 수익금으로 집에 신형 냉장고를 한 대 사서 보내주었다. 20년이 훨씬 지난 일이지만, 지금도 엄마는 그 냉장고 이야기를 종종 한다.

그때부터 법서를 읽는 것보다 증권 책을 읽는 게 더 재미있어졌다. 그리고 어느 순간 주식에 너무 빠져버려 법서는 눈에 들어오지 않게 되었다. 나중에 알고 보니 컴퓨터로 주가를 확인할 수 있었다. 컴퓨터에 깔 수 있는 HTS 프로그램이 개발되어 모눈종이에 힘들게 매일 신문을 보고 주가를 점으로 찍을 필요도 없었던 것이다. 그때부터 완전히 주식에 미쳤다. 예전에는 눈을 감으면 법조인이 된 미래의 내 모습이 보였는데, 어느 순간부터는 주가 그래프만 보였다. 내 학번, 군번보다 주식 종목 번호가 더 익숙해졌다. 기본적 분석을 공부할 때는 조금 지겹기도 했지만, 기술적 분석을 공부할 때는 정말 하루에 2시간을 자고 공부해도 재미있었다. 그렇게 고시원에서 법학을 공부한 게 아니라 증권학을 공부하기 시작했다. 이때 완전히 주식 중독에 걸렸다.

고시를 보는 대신 부모님 몰래 증권에 관련된 자격증 시험을 보기 시작했다. 증권사에 입사하려고 공부한 게 아니고, 그냥 너무 재미있어 취미 삼아 공부했다. 주식 공부가 너무 재미있어 더는 법서가 눈에 들어오지 않았다. 그러다가 고시를 그만두고 유학을 갔다가 돌아와 전업 투자자가 되었다. 그리고 어린 나이에 나름 꽤 큰돈을 벌었다. 하지만 젊은 놈이 맨날 방에 틀어박혀 종일 컴퓨터만 보고 있으니 답답하기도 했고, 백수처럼 보여 주위의 시선도 별로 좋지 않았다.

그래서 증권사에 들어갔다. 하지만 증권사의 시스템은 나와 맞지 않았다. 직원을 평가하는 기준이 내 생각과 너무 달랐다. 고객의 자산과 수익률로 직원의 성과가 평가되어야 하는데, 약정으로만 평가되었다. 나로서는 도저히 이해할 수 없는 평가 방식이었다. 즉 매매 수수료로 얼마를 벌어들였는지가 직원 평가 기준이었다. 가만히 놔둬도 되는 고객의 주식을 괜히 샀다, 팔았다 반복해야 성과를 인정받는 그런 구조였다. 상승장일 때는 그래도 상관없지만, 하락장에서 쓸데없이 매매했다가는 고객 계좌를 깡통 만드는 것은 일도 아니었다. 지금은 많이 바뀌었다고 들었다. 하지만 20년 전에는 그랬다. 그래서 증권사를 그만두고 다시 선수 생활로 돌아갔다. 평생 여의도에 있을 줄 알았는데 사표를 내고 떠나려니 시원섭섭했다. 지금도 여의도는 잘 가지 않는다. 하지만 얼마 전 강연 때문에 여의도에 갔다. 큰 천막이 처져 있던 공터에 큰 빌딩이 몇 개나 들어선 것 말고는 예전 그대로였다. 잠깐 거리를 걸으면서 예전 추억에 잠겼다.

전문가에서 다시 선수가 되면서 옛날보다 훨씬 더 잘할 것 같았지만, 적응하는 데 시간이 좀 걸렸다. 보통 전문가 출신의 선수들은 화려하고 현란한 기술들을 많이 알고 있고, 또 그것을 실전에 사용하려고 한다. 단순해져야 하는데 그게 잘 안 되고, 지나치게 분석하고 오래 생각한다. 남의 돈을 굴릴 때는 그렇게 잘하더니 막상 자기 돈을 베팅하려니 잘 안 된다. 너무 잘하려 하다 보니 실수를 자주 하게 된다. 대략 1년 정도 지나서야 완전히 감을 되찾을 수 있었다.

그때 2주에 2~3시간만 보면 되는 차트를 하루에 거의 14시간씩 보며 살았다. 밥을 먹으면서도 봤고, 물을 마시면서도 봤다. 너무 오래 앉아 있어 허리가 아프면 누워서도 봤고, 일어서서 왔다 갔다 하면서도 봤다. 정말 아무것도 하지 않고 주식만 봤다. 스트레스가 극에 달했다. 스트레스가 심해지면 술과 담배를 했다. 작은 스트레스에도 평정심을 잃고 크게 흔들렸다. 판단력이 흐려졌고, 투자에 감정이 섞이기 시작했다. 우울증 증상도 왔다. 돈을 벌어도 전혀 즐겁지 않았고, 사는 게 사는 게 아니었다. 언제부턴가는 술을 마시지 않으면 잠을 이룰 수도 없는 지경까지 왔다. 종일 컴퓨터 모니터를 보면서 담배만 피워댔고, 나중에는 밥 대신 커피를 마셨고, 또 담배를 피웠다. 장이 끝나고 나면 무슨 이유를 대서라도 술을 마셨다. 정신이 나간 것처럼 행동하기 시작했고, 수익률도 엉망이 되었다. 돈을 버는 것도 귀찮았고, 사는 게 피곤했다. 아마 선수 중에는 나와 같은 경험이 있는 사람이 꽤 있을 거라고 생각된다. 이렇게 자기관리가 안 되면 투자도 관리가 안 된다.

주식을 매매할 때는 냉철한 판단력과 맑은 정신이 필수요소다. 선수들에게 주식 시장은 진검승부의 장이다. 한순간의 방심이 모든 것을 앗아갈 수도 있다. 그만큼 프로 선수가 되는 길은 험하고 어렵다. 이런 전장과 같은 곳에서 자기관리가 안 되면 너무나 쉽게 무너져버린다. 이 때문에 정말 많은 선수가 주식 시장을 떠났다. 그들이 시장을 떠난 이유는 돈을 못 벌어서, 실력이 없어서가 아니다. 그들은 자신에게 맞는 현란한 기술들을 자유자재로 쓸 수 있었고, 정보의 수집과 선택, 그리고 기술의 활용이 뛰어났지만, 자기관리에 실패해 시장을 떠난 것이다. 즉, 스트레스를 이기지 못해 결국 시장을 떠났다.

주식 투자
스트레스 해소법

주식을 하면서 받는 스트레스를 예전의 나와 같이 술과 담배로 풀려는 사람들이 있다. 어찌 보면 TV나 영화에 의해서 학습되었는지도 모르겠다. TV에서는 드라마 주인공들이 무슨 일만 생기면 술집으로 쪼르르 달려가 술을 마시는 장면이 나온다. 영화에서는 TV에서 보여줄 수 없는 흡연 장면을 한풀이하듯 쏟아낸다. 무슨 미덕이라도 나누듯 술 나눠 마시는 장면이 거의 모든 TV 드라마에서 매회 나오는 것 같다.

미디어에서 이런 장면을 자주 보면 인간의 뇌는 본 것을 학습 후 시험해보고 싶어 한다. 그리고 주식에 투자하다가 조금만 스트레스를 받으면, 화면에서 본 것처럼 술을 마시고 담배를 피워보고 싶어져 실제로 실행을 해본다. 이런 행동들이 반복되면 뇌에서 각인되어 '스트레스를 받으면 담배를 피우고, 술을 마셔라'라는 새로운 자동 반사 회로가 생긴다. 그리고 같은 행동의 반복으로 인해 더 머릿속 깊숙이 새겨진다. 이렇게 뇌에 니코틴과 알코올 회로가 확립되고 난 후 스트레스 상황이 발생하면, 그 스트레스가 크든, 작든 상관없이 뇌가 몸에 비상사태를 선포한 후 편의점이나 술집으로 달려가 담배를 사 피우고 술을 마시라는 명령을 내린다. 이와 같은 반복된 행동은 뇌 속에 프로그램이 되어 스트레스를 받지 않아도 자동으로 담배를 피우고, 술을 마시게 한다. 어떻게 보면 니코틴과 알코올 중독은 뇌가 스트레스에 대한 학습을 잘한 상태라고도 할 수 있다.

우리는 오랫동안 미디어에 의해서 나쁜 습관이 학습되고, 프로그램되어 왔다. 자기 파괴적 습관인 술과 담배, 그리고 기타 해로운 중독에서 벗어나기 위해서는 일단 운동을 하면서 스트레스를 풀어야 한다. 당신에게서 나쁜 습관을 없앨 때는 '갑자기' 그만둬야 한다. 그리고 그 사실을 주변에 알리고, 어떤 예외도 허용하지 않아야 한다. 만약 누군가 나쁜 습관을 들이라고 꼬드긴다면 "안 돼"라고 단호하게 말하자.

알코올 중독인 경우, 10분의 운동만으로도 음주 욕구를 줄여준다는 연구가 있다. 그리고 니코틴 금단 현상은 5분만 운동해도 효과를 볼 수 있다. 담배의 니코틴은 흥분제와 이완제의 역할을 하는 아주 특이한 물질인데, 운동은 도파민의 양을 늘려주면서 불안감과 긴장감, 금단현상을 줄여주고 집중력을 향상시켜 아주 효과적이다. 그리고 술과 담배를 끊고 운동을 하면 이미 손상된 뇌도 다시 회복되고, 신경재생이 늘어나 뇌 속의 기억을 담당하는 해마가 다시 자라난다. 인간에게 250만 년 동안 검증된 최고의 스트레스 해소 방법은 걷고 뛰는 것이다. 드라마나 영화에서 스트레스를 받은 주인공이 술 마시고 담배 피우는 것이 아니라, 공원이나 피트니스에서 힘차게 달리기를 하거나 걷는 모습이 나왔으면 좋겠다. 이 얼마나 건전하고 과학적이며 효과 좋은 스트레스 해소 방법인가.

주식 투자 스트레스 민감도 낮추기

"오늘 주식 또 떨어졌어. 아! 스트레스 받아."

어떤가? 당신의 이야기 같지 않은가?

우리나라에서 가장 많이 사용하는 외래어가 스트레스(Stress)라고 한다. 사람들은 스트레스 때문에 너무 힘들어한다. TV에는 스트레스를 감소시킬 수 있는 약을 수도 없이 광고한다. 그렇다면 스트레스는 정말 해롭기만 할까? 어떤 사람은 스트레스를 짜증과 분노로 표출하기도 하지만, 또 어떤 사람은 잠시 흔들렸다가도 곧 평정심을 회복한다. 그렇다면 이 둘의 차이는 무엇일까? 바로 '스트레스 관리'다. 주가가 조금 내려갔다고 스트레스를 받아 손을 벌벌 떨며 몸 둘 바를 모르면서 '난 괜찮아. 나는 아무렇지 않아'라고 애써 자신을 속이면서 위로하는 것은 진정한 관리가 아니다.

스트레스에 대해 색다른 의견을 가진 심리학자가 있다. 바로 스탠퍼드 대학교의 켈리 맥고니걸(Kelly McGonigal) 박사다. 켈리 맥고니걸 박사는 《스트레스의 힘》에서 스트레스는 독이 아니라 '약'이고, 일종의 에너지라고 한다. 현명하게 잘만 관리하면 '자극제'로도 쓸 수 있고, 위기에 직면하지 않도록 '예방책'이 될 수도 있다. 그리고 스트레스는 관리만 잘하면 부정적인 방향을 긍정적으로 만들어 현실을 지혜롭게 살 수 있게 하는 도구가 된다.

켈리 맥고니걸 박사가 든 근거는 1998년 미국의 어떤 연구다. 8년 동안 미국에 있는 성인 3만 명을 추적했다. 그리고 이 연구는 사람들에게 이렇게 묻는 것으로 시작한다.

"지난해에 당신은 스트레스를 얼마나 경험하셨습니까?"
"당신은 스트레스가 건강에 해롭다고 믿으시나요?"

그리고 연구원들은 누가 죽었는지 찾기 위해 공식적인 사망 기록을 사용했다. 나쁜 소식은 지난해 많은 스트레스를 경험한 사람들이 43% 더 많이 사망할 위험성을 보였다. 하지만 그것은 스트레스가 건강에 해롭다고 믿는 사람에게만 해당하는 것이었다. 많은 스트레스를 경험했지만, 스트레스를 해롭게 생각하지 않는 사람들은 사망과 관련이 적었다. 오히려 그 사람들은 이 연구에서 사망 확률이 가장 낮은 사람들이었다. 스트레스를 거의 받지 않은 사람들을 포함해서 말이다.

연구원들은 자신들이 죽음을 추적해온 8년이 넘는 기간 동안 182,000명의 미국인이 너무 이른 시기에 사망했는데, 스트레스 때문이 아니라 스트레스가 본인에게 나쁘다는 믿음 때문이었다고 추정했다. 이렇게 사망한 사망자가 한 해에 20,000명 이상이라는 것이다. 만약 그 추정치가 정확하다면, 스트레스가 건강에 해롭다는 믿음이 지난해 미국에서 사망률 원인 15위에 있는 피부암, HIV/에이즈, 살인보다 더 많은 사람을 죽음에 이르게 했다는 것이다.

사람들이 스트레스에 대한 생각을 바꾸면 더 건강해질 수 있을까? 과학은 '생각을 바꾸면 신체의 반응도 바꿀 수 있다'고 대답한다. 그러니 스트레스를 받을 때 지금 '내 몸이 이 어려움을 이겨내도록 돕고 있는 거야'라고 생각하자. 당신이 스트레스를 이런 식으로 여긴다면 몸은 당신을 믿을 것이다. 그리고 스트레스 반응은 더 건강한 방식으로 변한다. 이렇게 켈리 맥고니걸 박사의 주장은 '스트레스가 해롭다'는 기존 학계 입장인 '모든 스트레스가 해롭다'는 것에 반기를 든 것이다. 스트레스에 대한 사고방식이 바뀌면 "도전이나 시련에 직면하더라도 의욕이 샘솟고, 스트레스에서 나오는 에너지를 효율적으로 사용해 에너지 고갈을 예방하고 삶에서 참된 의미를 발견하게 한다. 다시 말하면 스트레스를 대하는 태도에 따라 스트레스의 양상도 바뀐다는 것이다. 스트레스가 일종의 에너지라고 가정한다면, 우리는 어떻게 이 에너지를 사용할지 고민할 때인 것 같다.

하늘이 인간에게 큰일을 맡기려고 할 때는 먼저 고통으로 그의 정신을 단련시키고 힘줄과 뼈가 고된 노동을 견디게 하며, 그의 몸을 굶주림에 노출하고 궁핍을 겪게 하며 그의 앞길에 장애를 놓는다. 이것은 그의 정신을 자극하고 성격을 강건하게 하며, 그의 약한 부분을 강하게 하기 위한 것이다.

- 맹자

선수들은
강철 멘탈을 가지고 있다

"정말? 걔가 그렇게 성공했단 말이야?"

"나는 걔 이름도 기억 안 나. 존재감 제로여서 우리 반인지도 몰랐어. 근데 어떻게 그렇게 성공했대?"

동문회에 가면 가끔 듣는 말이다.

학교에 다닐 때 전혀 눈에 띄지 않았던 아이가 어른이 되어서 아주 크게 성공한 경우를 종종 볼 수 있다. 반면 선생님에게나 친구들에게 촉망받던 아이가 세월이 흐른 후 실망스러운 삶을 살기도 한다.

그 둘의 차이는 뭘까? 바로 '유리 멘탈을 가지고 있느냐? 아니면 강철 멘탈을 가지고 있느냐?'의 차이다.

멘탈은 정신이나 마음을 뜻하는 말로써 주로 정신력을 뜻하는데, 요즘에는 '멘탈이 강하다', '멘탈이 갑(甲)', '멘붕(멘탈 붕괴)'이란 표현으로 자주 쓰인다.

유리 멘탈은 작은 충격에도 쉽게 무너져버리고 위기상황을 만나면 이를 해결하고 돌파하려 하기보다는 어두운 곳에 찾아가 술잔을 기울이며 담배만 뻐끔거리고 문제가 자신을 지나가길 바라거나, 누군가 자신을 도와주기를 기다리는 사람을 말한다. 이런 사람이 주식을 하다 돈을 조금 잃으면 멘붕 상태가 온다. 그리고 맹목적으로 자신을 구렁텅이에서 구원해줄 '주식 지도자'를 찾아다닌다. 일종의 신데렐라 콤플렉스다. 난 행복한 신데렐라를 본 적이 없다. 운명을 바꾸는 것은 배움과 노력이지, 마법과 왕자가 아니다.

반면 강철 멘탈은 실패를 딛고 항상 오뚝이처럼 일어서는 사람들이다. 비록 오늘 단기적으로는 손해를 봤지만, 장기적으로는 분명히 돈을 벌 수 있다는 사실을 알고 있다. 이들은 돈을 '얼마나 벌었나?'가 중요한 게 아니라, '오늘 거래를 얼마나 원칙대로 잘했나?'에만 관심이 있다. 강철 멘탈은 수익과 손실을 주식의 아주 정상적인 과정으로 여긴다. 그리고 손실이라는 부정적 경험에서 기회를 발견하고, 또 그 기회를 활용해 전화위복으로 만든다. 일종의 '위기활용주의자'라고도 할 수 있다. 그들은 낙심은 하지만 포기하지는 않는다. 또 위기를 피하지도, 책임을 회피하지도 않는다. 이들은 어려움에 당당히 맞서고, 자신의 잘못이 아니라도 자신에게 일어난 모든 결과에 책임을 진다. 한마디로 막중한 책임을 즐기는 사람이다.

강철 멘탈의 특성 중에 시련과 역경을 극복하는 능력이 뛰어나면 '회복탄력성(Resilience)'이 좋다고 한다. 회복탄력성은 오뚝이에 비유된다. 회복탄력성은 바닥에 떨어져도 절대로 좌절하지 않고, 스트레스를 버텨내고 어려움을 극복하며, 실패에 좌절하지 않고 오히려 도약의 발판으로 삼는 능력을 말한다. 의학에서는 이 복구력을 '리질리언스(Resilience)'라고 부르는데, 역경을 통해서만 길러지는 능력이다. 역경 속에서 적절한 스트레스와 좌절을 극복하면 형성된다. 바람에 흔들리고 동물들에 밟힌 잡초가 뿌리를 깊게 내려 가혹한 환경에도 견뎌내듯이, 그리고 언덕배기에 비도 잘 오지 않고 척박한 거친 흙속에서 자란 포도가 명품 와인이 되듯 주어진 환경에 굴하지 않고 꾸준한 노력과 지혜로 다시 일어나는 힘이 회복탄력성이다.

"실패하지 않는 사람은 아무것도 하지 않는 사람이다."

에드먼드 펠프스(Edmund Phelps)의 말처럼 주식 시장에 있는 거의 모든 사람은 비슷하게 실패하고 넘어진다. 그런데 누구는 성공하고, 누구는 실패한다. 성공하는 선수와 실패하는 개미의 차이는 넘어진 후 다시 일어나는 속도에서 결정된다. 어떤 사람은 넘어지고 그 자리에 주저앉아 신세타령이나 하면서 넘어진 책임을 다른 사람에게 떠

넘기며, 실패의 원인을 어떻게든 외부에서 찾아 원망을 한다. 또 어떤 사람은 넘어진 자리에서 아예 자리를 펴고 누워버린다. 오래 넘어져 있으니 항상 실패하는 것처럼 느껴지기도 한다. 실패의 횟수로 따져보면 선수나 개미나 다 비슷한데 말이다.

성공은 주어지는 게 아니라 매일의 배움과 노력으로 획득하는 것이다. 실패하면 그때마다 공부하고 다른 대안을 생각해내고, 그리고 또 실패하면 마찬가지로 또 해결책을 연구해보자. 바닥에 넘어져도 결코 주저앉지 않고 끝까지 버텨내는 지구력과 올바른 행동의 방향인 목표에 대한 강한 집념이 있는 사람은 누구도 당해낼 자가 없다. 타고난 최고는 없다. 단지 최고로 노력하는 사람만 있을 뿐이다.

유대인은 회복탄력성을 주요 덕목으로 가르치고, 그들의 자녀를 '사브라(Sabra)'라고 부른다. 사브라는 '선인장 꽃의 열매'를 말한다. 겉은 볼품없고 가시가 많지만, 속은 붉은색을 띠고 단맛이 나고 맛있다. 오랫동안 비 한 방울 오지 않는 불모의 사막에서 악조건을 견디며 꽃을 피우고 열매를 맺는 사브라처럼 자녀들이 열매 맺는 삶을 살기를 바라는 마음에서다. 비록 실패해 바닥에 떨어져도 결코 주저앉거나 한탄이나 하면서 인생을 낭비하지 말고, 꿋꿋이 다시 일어나라는 뜻이 숨겨져 있다. 난 이 책을 읽는 독자들이 사브라 같이 화려하지는 않지만, 인생의 의미를 아는 아름다운 꽃이 되었으면 한다.

회복탄력성을
키울 수 있을까?

정답은 'YES'다.

물론 타고 난 회복탄력성도 있을 수 있다. 하지만 양육환경, 문화, 교육, 노력 등 다양한 요소들의 상호작용에 따라 개발할 수 있다. 개발 방법은 다음과 같다.

과거에 얽매이지 않는다

과거에 집착하지 말고 현실을 바로 봐야 한다. 과거에 지나치게 연연하며 사는 사람은 많은 일을 할 수가 없다. 중요한 일을 하려면 실패의 위험을 감수하고 용기를 내야 한다. 하지만 과거에 발목이 잡힌 사람은 실패한 여러 일을 떠올리고 확대, 재해석한다. 이런 행동은 목표를 위해 한 걸음 내디딜 용기와 힘마저 당신에게서 빼앗는다. 한마디로 과거에 대한 잘못된 생각의 화석이 쌓여서 현실을 가로막는 장벽이 되어버린 것이다. 과거를 과장이나 축소하지 말고 있는 그대로 받아들이고, 반성은 하되 후회할 필요는 없다.

변화는 시간이 지나면 저절로 생겨나는 게 아니다. 과거에 했던 나의 잘못을 의식적으로 뜯어고칠 때 바른 변화가 일어난다. 변화하는 데 제일 힘든 것은 새롭게 뭔가를 하는 게 아니라, 기존에 갖고 있던 과거의 틀에서 벗어나는 것이다. 하지만 과거를 눈감아버리면 변화는 일어나지 않는다. 과거를 비추어 나를 바르게 바꾸어가는 것은 앞으로 내가 살아야 할 인생을 위한 최고의 투자다. 미국의 시인 롱펠로(Longfellow)가 "미래를 신뢰하지 마라. 죽은 과거는 묻어버려라. 그리고 살아 있는 현재에 행동하라"라고 말한 것과 같이 지금, 현재, 오늘 당장 목표를 위해 할 수 있는 일에 최선을 다하자.

받아들여라

현실을 직시하고 모순적인 상황도 잘 받아들이고 인정해야 한다. 인생은 학교 시험과 달리 정답이 정해지지 않은 경우가 훨씬 더 많고, 불확실성과 모순의 연속이다. 이런 애매모호한 상황은 사람을 불안하게 하고 찝찝하게 만든다. 하지만 어쩔 수가 없다. 지금 자신의 상황을 받아들여야 해결책도 찾을 수 있고, 다시 일어나 목표를 향해 한 걸음이라도 내디딜 수 있는 힘이 생긴다. 이런 찝찝한 상황을 거부하면 자신과 환경의 '인지적 불협화음'이 생긴다.

인간은 본디 남을 속이기보다 자신을 더 많이 속이기 마련이다. 남을 속이는 것도 문제지만, 자신을 속이면 도저히 고칠 수가 없다. 문제를 직시해야 문제가 보이는데, 문제에 포장하거나 덧칠을 해버리면 문제를 정확히 파악할 수 없게 된다. 그리고 스스로가 만든 그 불명확한 문제를 바라본다. 왜 그럴까? 그 이유는 자신 안에 있는 문제를 대면할 자신이 없어서다. 초라하고 왜소한 자신의 내면을 마주하기가 겁이 난 것이다. 남을 속이는 것보다 더 위험한 것은 자신을 속이는 것이다. 이런 모순적인 감정은 다시 일어나서 앞을 향해 뛰어야 할 시간에 넘어진 자리에 퍼질러 앉아 혼잣말로 스스로와 싸우는 꼴과 같다. 현재 상황을 인정하고 받아들이자. 내 잘못이 아니라도 내 인생은 100% 내 책임이다. 빨리 받아들일수록 빨리 일어날 수 있다. 자신을 설득하는 데 오랜 시간을 허비하지 말았으면 한다.

주위의 부정적인 사람을 멀리하라

부정적인 사람들은 다른 사람의 결점을 찾아내기를 좋아한다. 심리학적으로 볼 때 이런 부류의 사람은 초라한 자기 이미지에서 비롯된 열등감 때문에 남을 말로 공격한다. 이들은 끊임없이 불평하고,

변명하며, 합리화하면서 부정적인 의견을 피력한다.

"이건 너를 진심으로 위해서 하는 말인데, 주식 투자하지 마!"

"절대 안 돼. 이렇게 불황일 때 투자했다가 아파트 한 채 날린 사람이 한두 명인 줄 알아?"

"나니까 이런 말하는 거야!"

"우리 같은 사람은….."

"사업? 생각도 하지 마!"

"이제 와서 무슨 공부?"

이렇게 말하는 사람이 주위에 있다면 당장 그곳을 떠나라. 이것은 마치 감기 바이러스처럼 불안감, 강박, 우울을 상대에게 전염시켜 지배하고 굴복시키는 심리학적 기술이다. 이것을 '투사적 동일시'라고 한다. 가해자가 피해자의 생각과 행동을 지배하기 위해 쓰는 방법이다. 이런 부정적인 사람이 옆에서 부정적인 말을 쏟아내면 당신의 에너지는 탈탈 털리고 만다. 우울해지고, 좌절감이 들 수밖에 없다.

몸부터 회복탄력성을 높인다

만사가 귀찮은가? 더는 스케줄 소화가 힘들다고 생각하는가? 힘들어 쓰러질 것 같은가? 아침에 일어나는 게 너무 힘이 드는가? 그러면 일단 운동부터 시작하자.

"요구르트를 배달시켜 먹는 사람보다 요구르트 배달 아주머니가 더 건강하다"라는 말이 있다. 운동은 뇌의 신경세포에 에너지를 전달해 현명한 생각을 할 수 있게끔 만든다. 걱정거리가 있으면 만사가 짜증이 나고 귀찮아지지만, 이럴 때일수록 운동을 해서 몸의 활동량을 늘리면 뇌의 기능이 향상되고, 스트레스에서 오는 긴장과 압박감이 줄어들어 문제를 객관적으로 볼 수 있고, 자신감을 가지고 긍정적인 사고를 할 수 있다. 운동은 최고의 영양제이고, 몸과 정신에 에너지를 공급한다.

힘들면 운동부터 시작하자. 그래야 다시 일어날 수 있다. 아무리 힘든 상황일지라도 언제나 희망의 끈은 있다. 주저앉아 있지 말고, 어려움에 맞서 포기하지 않겠다는 신념과 할 수 있다는 자신감만 있으면 반드시 정상에 우뚝 설 수 있다.

주식 투자에서 이기기 위해서
'뫔'을 단련하자

뫔이란 '몸과 마음(몸+마음)'을 의미한다. 인간의 몸과 마음은 서로 분리된 것이 아니고 하나다. 건전한 몸에 건전한 마음이 깃들기 마련이다. 힘든 일이 생기면 보통 사람들은 몸을 혹사한다. 주식을 하다가 조금만 돈을 잃어도 밥을 제대로 먹지 않고, 술과 담배를 한다. 현재의 고난을 몸이 알게끔 하기 위해서 혹사하는 것이다. 그러면 몸은 뇌에 육체적 고통으로 답하며, 그 육체적 고통으로 잠시나마 현재의 손실을 잊게 할 수도 있다. 한마디로 고통으로 고통을 잊게 하는 것이다. 잠시나마 육체적 고통이 당신이 처한 상황을 잊게 해주는 것처럼 느끼니 어쩌면 효과가 있어 보일 수도 있겠다. 하지만 과음한 다음 날 일어나면 문제 해결은 고사하고, 문제가 더 커졌다는 것을 알게 된다. 몸의 혹사로 건강이 안 좋아지면 주식 투자에서 꼭 필요한 '인내심'과 '평정심'도 줄어든다. 그때부터는 기분에 따라 마구잡이 매매를 시작한다.

당신의 몸과 마음은 이미 해결책을 알고 있다. 마음이 괴롭다고 몸을 의도적으로 힘들게 할 게 아니라, 더 빨리 해결할 수 있도록 몸에 에너지를 공급해줘야 한다. 과음으로 몸을 망가뜨릴 게 아니라, 좋은 음식을 먹고 책을 읽고, 걸어보자. 사람은 몸과 마음이 하나로 연결된 유기체다. 몸이 건강하면 자연스레 마음도 건강해지며, 기분 또한 좋아지고, 생활에 활력을 선사한다. 그러기 위해서는 걷고 또 걷자. 현 상황을 타개할 해결책이 생각날 때까지 걸으면 된다. 걷다 배가 고프면 건강식을 먹고 또 걸어라. 신체활동이 많아질수록 자신의 삶을 더욱 낙관적으로 본다. 경치 좋은 곳을 골라 힘 닿는 데까지 한번 걸어보자. 그리고 또 주식 책을 포함한 여러 양서를 읽자.

이렇게 몸과 마음에 좋은 자극을 주면 맘(몸+마음)은 당신에게 최고와 최상의 해결책이 무엇인지 확실하게 대답해줄 것이다. 몸과 마음에 건강한 자극을 주면 다음번에도 맘은 더 현명한 해결책을 제시해줄 수 있다. 지금 당신에게 닥친 어려움은 당신이 충분히 해결할 수 있는 어려움이다. '신은 인간에게 해결할 수 있는 어려움만 준다'라는 말도 있지 않은가. 당신이 당신의 맘을 잘 단련하면 어떤 문제도 쉽게 해결하고 어떤 어려움도 극복할 수 있다.

그것은 사실이다.

과거의 일과 미래의 일은

우리 내면에 있는 것과 비교해봤을 때 아무것도 아니다.

- 랄프 왈도 에머슨(Ralph Waldo Emerson)

오래가는 건전지
같은 선수

좋은 습관은 성공을 이끌고, 나쁜 습관은 성공에서 멀어진다. 자기 관리를 하지 않는 선수는 반드시 실패한다. 관리의 기본은 일단 아침에 일찍 일어나고 운동을 하며 하루를 활기차게 보내는 것이다. 난 남들보다 배움이 느리다. 하지만 확실히 하나는 안다. 처음에는 남들보다 잘하지 못하지만, 딱 1년만 지나면 더 잘할 수 있다는 것이다. 근거 없는 자신감이나 허황된 자존감이 아니다. 그것은 나만의 분명한 원칙이 있어서다. 나는 아무리 귀찮아도 한번 시작한 것은 하루에 1시간은 반드시 한다. 그것도 아침에 일어나 가장 먼저 한다. 나는 이것을 '매일 아침 1시간의 마법'이라고 부른다. 일종의 습관 만들기다.

습관은 처음 들일 때가 제일 힘들다. 시작은 어색하고 힘들지만, 매일 하루에 1시간씩 남들이 잠들어 있거나 딴짓을 할 때 원하는 행동을 규칙적으로 하면 좋은 습관이 만들어진다. 먼저 행동이 습관화되면 의식하지 않고도 자동으로 원하는 행동을 할 수 있고, 새로운 결심이나 특별한 노력과 인내가 필요하지 않게 된다. 이렇게 좋은 행동이 습관이 되면 자신도 모르는 사이에 더욱 큰 성과로 귀결된다.

물론 귀찮을 때도 정말 많다. '오늘만 거르면 안 될까?', '오늘은 기분이 왠지 안 좋아', '오늘은 컨디션이 별로야', '오늘은 비가 오잖아', '오늘 바쁜 일이 얼마나 많은데.' 그렇게 '오늘, 오늘, 오늘'이라는 핑계는 끝도 없이 나를 유혹한다. 머뭇거릴수록 우리는 핑계를 수도 없이 마련한다. 이럴 때는 생각을 많이 하면 안 된다. 그 생각은 어떻게 하면 오늘만이라도 원칙을 깰 수 있을까 하는 핑계를 만들어 내는 것밖에 없으니, 많이 할수록 내가 더 불리해진다.

일어나면서 스마트폰을 봐도 마찬가지다. 기상 후 1~2시간은 가장 머리가 맑고, 깨끗한 순간이다. 그 소중한 시간에 스마트폰을 보는 것은 골든타임을 쓰레기통에 던져 버리는 것이다.

선수는 아침형 인간이다

프로 선수들에게는 장이 열리면 시간이 아주 빨리 흐른다. 조금 전에 장이 시작한 것 같은데 눈 깜짝할 새 끝나고 만다. 장이 끝나면 일도 끝나는 게 아니라, 본격적으로 일을 시작해야 한다. 시장의 특이사항과 수익률을 체크하고, 각 증권사 리포트도 읽어야 하고, 종목 발굴도 해야 한다. 그리고 제일 중요한 앞서 말한 투자 일지를 써야 한다. 투자 일지를 쓰면서 올해 이맘때는 무슨 종목이 유행을 타서 상승했는지 기록하고, 내년을 대비할 수 있다. 예를 들어 대표적인 여름 계절주가 있다. 에어컨이나 선풍기를 만드는 회사의 주식이 계절주다.

이런 계절주는 여름에 사려고 하면 안 된다. 초여름에는 이미 주가가 천장에 와 있다. 여름 계절주는 초봄부터 주가가 들썩이기 시작한다. 그래서 남들보다 조금 일찍 사둬야 한다. 이런 것을 투자 일지에 표시해두는 것이다. 그리고 꼭 기억해야 할 것은 달력에 써놓으면 된다.

올해 언제부터 주가가 올랐는지 잘 확인해서 내년에는 조금 일찍 물량을 매집해놓으면 된다. 그리고 여름이 오기 전에 팔아버려라. 물론 봄, 여름, 가을, 겨울에 맞는 계절주가 다 있다. 이런 것을 달력에 메모해두면 잊지 않고 매수해둘 수 있다.

새벽에 일어나 운동을 하고, 고요함을 즐기자. 책과 경제신문을 읽고, 일찍 밥을 먹고 8시에 책상 앞에 앉아 커피 한잔을 마시면서 오늘 시장 대응을 어떻게 할지 생각하자. 전날 술을 마셔서 정신이 혼미한가? 그러면 당일 시장은 포기하는 게 좋다. 숙취와 멍한 정신으로 거래를 하면 평정심을 잃고 감정적으로 막무가내 매매를 하기 쉽다. 그리고 평정심이 깨지는 순간, 칼자루가 아닌 칼날을 잡고 설치는 꼴이 된다. 칼날은 아무리 잘 잡아도 다칠 수밖에 없다. 증권 시장은 양날의 칼이다. 위험한 칼은 평상시에는 칼집에 두고 전시에 꺼내 써야 이길 수 있다.

평정심은 시간적 여유에서 나온다. 시간에 쫓겨 움직이면 평정심이고 뭐고 없다. 아침의 정신없음은 혼란으로 이어진다. 그래서 선수들은 항상 일찍 자고, 새벽에 남들보다 이른 아침을 맞이한다. 보통 선수들은 새벽 4~5시에는 일어난다. 잠은 7~8시간 푹 자는 게 좋다. 규칙적인 생활을 해야 한다. 운동은 습관적으로 매일 하루도 빠지지 말고 한다. 장 시작 전에는 가급적 스마트폰이나 컴퓨터와 같은 전자기기는 보지 않는 게 좋다. 물론 증권 텔레비전도 볼 필요 없다. 증권 텔레비전은 장 시작 30분 전에 틀어도 상관없다.

Part

10

기술적 분석 /
기본적 분석

기술적 분석

기술적 분석(Technical analysis)은 주가나 거래량을 과거의 데이터를 바탕으로 시세를 나타내는 것을 말한다. 주가 차트 분석을 통해 종목의 동향을 보여주는 것이다. 주가 차트는 그림으로 주식의 지나온 역사를 보여주는 것이라 그것만으로는 절대 미래의 주가를 예측할 수 없다. 차트는 종목과 시장을 이해하기 위한 수단일 뿐이다. 누군가 차트를 보고 주가를 예측할 수 있다고 말한다면, 그 사람은 주식으로 돈을 벌어본 사람이 아니다. 《조선왕조실록》을 보고 현대 생활을 예측하는 것과 같다. 반면교사로 삼을 수 있을 뿐이다.

캔들 차트/봉 차트(Candle Chart)는 양초처럼 생겼다고 캔들 차트라고 한다. 캔들 차트는 미국식과 일본식이 있는데, 일본식이 보기가 훨씬 좋다. 그리고 우리나라에서는 대부분이 일본식 캔들 차트를 쓴다. 그래서 미국식 캔들 차트 설명은 생략한다.

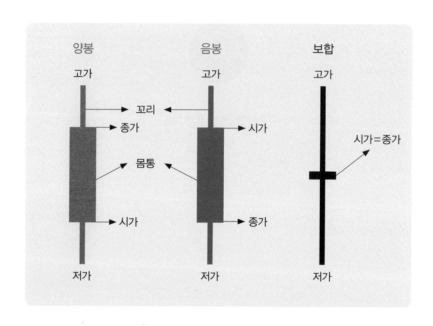

양봉은 무엇인가? 무슨 벌을 치는 것도 아닌데 이름이 왜 양봉일까? 주가가 오른 날은 양봉, 주가가 내린 날은 음봉이다. 그림을 보고 외우면 된다. 그리고 봉 차트는 일봉(하루) 차트, 주봉(한 주) 차트, 월봉(한 달) 차트로 구분하는데, 일봉 차트 말고는 전혀 쓸모없으니 일봉만 보면 된다.

1. 시가 = 시작 가격(시초가)
2. 고가 = 최고 가격
3. 저가 = 최저 가격
4. 종가 = 장 마감 가격

골든 크로스(Golden cross)

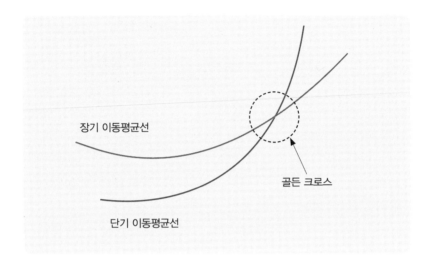

장기 이동평균선

골든 크로스

단기 이동평균선

단기 주가 이동평균선이 중장기 이동평균선을 아래에서 위로 뚫고 지나가는 것을 '골든 크로스'라고 한다. 단기 골든 크로스는 5일 이동평균선이 20일 이동평균선을 상향돌파하는 것을 말한다. 중기 골든 크로스, 장기 골든 크로스도 있으나 사용할 일이 없으니 신경을 쓸 필요가 없다. 그냥 단기 골든 크로스만 이용하면 충분하고도 남는다. 골든 크로스가 일어나면 매수하라.

데드 크로스(Dead-cross)

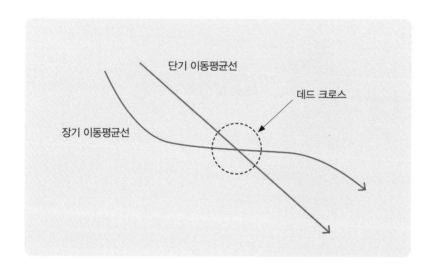

골든 크로스와 반대로 단기 이동평균선이 중장기 이동평균선을
위에서 아래로 뚫고 내려가는 것을 데드 크로스라고 말한다. 약세장
으로 전환했다고 보면 된다. 데드 크로스가 나타나면 매도 후 한동안
쉬면 된다. 앞서 말한 대로 쉬는 것도 투자다.

이외 많은 보조지표가 있는데 다 쓸데없다.

기본적 분석

기본적 분석(Fundamental analysis)은 주식의 내재적 가치를 분석하는 방법인데, 한마디로 말하면 기업을 건강검진한 후 검진표를 살펴보는 방법이다. 그런데 검진표를 분석해서 "이 사람은 마라톤 선수일 거야. 이 사람은 교수일 거야. 이 사람은 군인일 거야"라고 예측할 수 있겠는가? 기본적 분석도 마찬가지다. 건강한지, 아닌지만 알 수 있지 절대 주가를 예측할 수는 없다. 그리고 지금 주가에 이미 기본적 분석 자료는 다 반영되어 있다.

자기자본이익률(Return on equity / ROE)

투자한 자기자본이 얼마만큼 많은 이익을 냈는지를 나타내는 지표로, '(당기순이익 ÷ 자기자본) × 100'의 공식으로 산출된다. 즉, 기업이 자기자본을 이용해 1년간 얼마를 벌어들였는지를 나타내는 지표로, 경영 효율성을 보여준다. 만약 ROE가 10%이면 100억 원의 자본을 투자했을 때 10억 원의 이익을 냈다는 뜻이다.

* 연상 기억

ROE는 높을수록 좋다. 드라마 〈이태원 클래스〉를 봤는가? 그 작가는 박새로이(ROE)가 나오는 〈이태원 클래스〉의 시청률이 높을수록 좋지 않겠는가? ROE는 높을수록 좋다.

주가수익비율(Price earning ratio / PER)

주가수익비율(PER)은 어떤 회사의 주가가 그 회사 1주당 수익의 몇 배가 되는지를 나타내는 지표로 주가를 1주당 순이익으로 나눈 것을 말한다. (PER=주가/1주당 당기순이익=주가/ EPS), 즉 어떤 회사의 주식 가격이 1주당 10,000원이고, 1주당 수익이 1,000원이라면 PER는 10이 된다.

* 연상 기억

PER는 낮을수록 좋다. 이렇게 연상해보자. 술을 퍼(PER)마시는 사람의 비율이 낮을수록 세상은 좋아진다. 그래서 PER는 낮을수록 좋다.

EV/EBITDA

EV/EBITDA는 기업가치(Enterprise Value)를 세금·영업전이익 (Earnings Before Interest, Tax, Depreciation and Amortization)으로 나눈 값으로, 기업의 적정 주가를 판단하는 데 사용된다. EV/EBITDA가 2배라면 그 기업을 시장 가격(EV)으로 매수했을 때 그 기업이 벌어들인 이익 (EBITDA)을 2년간 합하면 투자 원금을 회수할 수 있다는 뜻이다. EV/EBITDA도 낮을수록 좋다.

* 연상 기억

며느리 입장에서는 시애비(에비 EV) / 시애미 다(에비다)(EBITDA) 집에 오는 횟수가 적을수록 좋다.

한 가지만 기억하자. ROE는 높을수록 좋고, 나머지는 낮을수록 좋다.

증권맨 출신 아빠가 사랑하는 딸들에게 알려주는
주식으로 돈 못 벌면 바보다

제1판 1쇄 │ 2021년 4월 15일
제1판 2쇄 │ 2021년 5월 4일

지은이 │ 장준환
펴낸이 │ 윤성민
펴낸곳 │ 한국경제신문*i*
기획제작 │ (주)두드림미디어
책임편집 │ 배성분   디자인 │ 얼앤똘비악earl_tolbiac@naver.com

주소 │ 서울특별시 중구 청파로 463
기획출판팀 │ 02-333-3577
E-mail │ dodreamedia@naver.com
등록 │ 제 2-315(1967. 5. 15)

ISBN 978-89-475-4704-8 (03320)

한국경제신문 *i* 주식, 선물 도서 목록